Grundriß
des
gesamten deutschen Rechtes
in Einzelausgaben
von
Paul Posener.

15. Band.

Strafrecht.

Zweite und dritte Auflage.

Berlin 1909.
J. Guttentag, Verlagsbuchhandlung,
G. m. b. H.

A. W. Hayn's Erben, Potsdam.

Inhaltsverzeichnis.

3. Kapitel.

Das unvollendete Verbrechen.

4. Kapitel.

Die Beteiligung mehrerer an einem Verbrechen.

5. Kapitel.

Die Strafaufhebungsgründe.

6. Kapitel.

Das Zusammentreffen mehrerer Verbrechen.

2. Abteilung.

Besonderer Teil.

Abkürzungen.

A = Anfechtungsgesetz.
Abs = Absatz.
ALR = allgemeines Landrecht (Preußen).
Ausf- = Ausführungsgesetz zu ....
B = Bürgerliches Gesetzbuch.
Bn = Binnenschiffahrtsgesetz.
Band = Band des Grundrisses.
C = Strafprozeßordnung.
Cod = Codex.
D = Digesten.
E = Eisenbahnverkehrsordnung.
Einf- = Einführungsgesetz zu .....
F = Reichsgesetz über freiwillige Gerichtsbarkeit.
Fl = Flößereigesetz.
G = Gerichtsverfassungsgesetz.
Gb = Ges. betr. die Gesellschaften mit beschränkter Haftung.
Gn = Genossenschaftsgesetz.
Gr = Grundbuchordnung.
Gw = Gewerbeordnung.
H = Handelsgesetzbuch.
J = Institutionen.
JRA = Jüngster Reichsabschied.
K = Konkursordnung.
KG = Entsch. des Kammergerichtes.
MC = Militärstrafgerichtsordnung.
MS = Militärstrafgesetzbuch.
Nr. = Nummer.
P = Patentgesetz.
Po = Postgesetz.
pr = preußisch.
R = Reichsverfassung.
RG = Entscheidungen des Reichsgerichtes.
RMG = Entscheidungen des Reichsmilitärgerichtes.
ROLG = Rechtsprechung der Oberlandesgerichte.
S = Strafgesetzbuch.
SC = senatus consultum.
sc = saeculum.
Ssp = Sachsenspiegel.
Swsp = Schwabenspiegel.
U = Urheberrechtsgesetz.
V = Verfassung.
Vl = Verlagsgesetz.
Vv = Versicherungsvertragsgesetz.
vgl. = vergleiche.
W = Wechselordnung.
w. o. = weiter oben.
w. u. = weiter unten.
Z = Zivilprozeßordnung.
Zg = Zwangsversteigerungsgesetz.

Anfragen und Berichtigungen werden an die Adresse der Verlagsbuchhandlung oder direkt an den Verfasser Assessor Dr. jur. Paul Posener in Charlottenburg 2, Bleibtreustraße 18, erbeten.

§ 1. **Strafrecht** ist die Gesamtheit der Rechtssätze, welche sich auf die Bestrafung von strafbaren Handlungen beziehen (materielles Strafrecht).

I. Das Strafrecht beruht auf gesetzlicher Festlegung, und zwar ausschließlich: nullum crimen nulla poena sine lege poenali, S 2, Abs. 1.

Bei Veränderung der Gesetzgebung in der Zwischenzeit ist das mildere Gesetz anzuwenden, S 2, Abs. 2.

Gewohnheitsrecht und Analogie sind nicht anwendbar.

II. Das Reichsstrafrecht ist im Strafgesetzbuche vom 15. Mai 1871 niedergelegt.

1. Das Landesstrafrecht ist gemäß Einf-S 2 insoweit zugelassen, als es nicht Materien betrifft, die durch das S geregelt sind.

Landesstrafrecht besteht z. B. für Steuer-, Zoll-, Fischerei-, Jagd-, Forst-, Feldpolizeirecht, Holz- und Forstdiebstahl.

2. In landesgesetzlichen Vorschriften darf nur Gefängnis bis zu 2 Jahren, Haft, Geldstrafe, Einziehung einzelner Gegenstände und Entziehung öffentlicher Aemter angedroht werden.

III. Legalordnung des S 1—370.

Einleitende Bestimmungen, S 1—12.

I. Teil: Von der Bestrafung der Verbrechen, Vergehen und Uebertretungen im allgemeinen, S 13—79, in fünf Abschnitten.

1. Strafen, S 13—42.
2. Versuch, S 43—46.
3. Teilnahme, S 47—50.
4. Gründe, welche die Strafe ausschliessen oder mildern, S 51—72.
5. Zusammentreffen mehrerer strafbarer Handlungen, S 73—79.

II. Teil: Von den einzelnen Verbrechen, Vergehen und Uebertretungen und deren Bestrafung, S 80—370, in 29 Abschnitten.

1. Hochverrat und Landesverrat, S 80—93.
2. Beleidigung des Landesherrn, S 94—97.
3. Beleidigung von Bundesfürsten, S 98—101.
4. Feindliche Handlungen gegen befreundete Staaten, S 102—104.
5. Verbrechen und Vergehen in Beziehung auf die Ausübung staatsbürgerlicher Rechte, S 105—109.
6. Widerstand gegen die Staatsgewalt, S 110—122.
7. Verbrechen und Vergehen wider die öffentliche Ordnung, S 123 bis 145.
8. Münzverbrechen und Münzvergehen, S 146—152.
9. Meineid, S 153—163.
10. Falsche Anschuldigung, S 164, 165.
11. Vergehen, welche sich auf die Religion beziehen, S 166—168.

12. Verbrechen und Vergehen in Beziehung auf den Personenstand, S 169, 170.
13. Verbrechen und Vergehen wider die Sittlichkeit, S 171—184 b.
14. Beleidigung, S 185—200.
15. Zweikampf, S 201—210.
16. Verbrechen und Vergehen wider das Leben, S 211—222.
17. Körperverletzung, S 223—233.
18. Verbrechen und Vergehen wider die persönliche Freiheit, S 234 bis 241.
19. Diebstahl und Unterschlagung, S 242—248.
20. Raub und Erpressung, S 249—256.
21. Begünstigung und Hehlerei, S 257—262.
22. Betrug und Untreue, S 263—266.
23. Urkundenfälschung, S 267—280.
24. Bankrutt (ersetzt durch K 239—244).
25. Strafbarer Eigennutz und Verletzung fremder Geheimnisse, S 284 bis 302 e.
26. Sachbeschädigung S 303—305.
27. Gemeingefährliche Verbrechen und Vergehen, S 306- 330.
28. Verbrechen und Vergehen im Amte, S 331—359.
29. Uebertretungen, S 360—370.

Ein Entwurf zur Neuordnung des S ist in Vorbereitung.

Literatur: Frank, Kommentar; Binding, Normen; Beling, Grundzüge; von Bar, Gesetz und Schuld; von Liszt, Lehrbuch; Kommentare von Olshausen und von Oppenhoff.

§ 2. **Das Wesen des Verbrechens** wird von den Strafrechtsschulen verschieden erklärt, kann aber nur dann hinreichend erfaßt werden, wenn die Strafrechtslehre zu einer Lehre von der Triebdämmung wird.

I. Die Strafrechtsschulen.

1. Die klassische Strafrechtsschule, die namentlich von Binding, Birkmeyer, Beling, Kohler, Kahl vertreten wird, sieht das Verbrechen als Produkt des freien Willens des Täters an.

2. Die soziologische Schule, deren Führer von Liszt ist, lehrt, das Verbrechen sei ein notwendiges Produkt des sozialen Milieus, in welchem der Verbrecher geboren ist und gelebt hat.

3. Die Schule der Anthropologen, unter ihnen namentlich Lombroso, sieht das Verbrechen als notwendiges Produkt der Körperanlage des Verbrechers an.

Massgebend ist die Stellungnahme zum Problem der Willensfreiheit.

1. Der Determinismus behauptet die psychische Kausalität des menschlichen Handelns; der Mensch ist unfrei, weil seine Handlungen nicht nur im Augenblicke motiviert sind, sondern weil seine ganze Existenz auf dauernden Vorstellungen (Religion, Sitte usw.) beruht und durch sie charakterisiert wird.

Grundlage des Determinismus ist Schopenhauers Abhandlung: Ueber die vierfache Wurzel des Satzes vom zureichenden Grunde; diese vier Wurzeln sind: 1. die Logik: warum wir so und nicht anders urteilen (Erkenntnisgrund); — 2. warum etwas so und nicht anders ist oder geschieht; hierbei ist zu unterscheiden: a) Seinsgrund (mathematischer Grund); b) Kausalität (physikalischer Grund, Grund des materiellen Wirkens); c) Motiv (Grund des Handelns); dieses kann sein: α) ethisch; β) nichtethisch.

Anhänger des Determinismus sind: von Liszt, von Lilienthal, Finger, Frank, Liepmann.

2. Der Indeterminismus lehrt als diesseitiger Indeterminismus: es bestehe in der Wirklichkeit (nicht nur auf dem Gebiete des Glaubens, wie es der jenseitige Indeterminismus lehrt) eine ursächliche Selbstbestimmung des Menschen. Der relative Indeterminismus führt aus, es bestehe eine von aussen beeinflusste Willensfreiheit des Menschen.

Anhänger des Indeterminismus sind: Berner, Binding, Birkmeyer, von Bar, Beling, Kohler, Gretener, Lammasch, Kahl.

II. Verbrechen ist die vom Staate mit Strafe bedrohte, rechtswidrige, schuldhafte Handlung.

1. Das Verbrechen setzt einen gesetzlich normierten Tatbestand voraus, d. h. einen Inbegriff von Voraussetzungen, bei deren Vorhandensein die Rechtsfolgen eintreten.

Die Veränderung, welche durch die Handlung in der Aussenwelt hervorgerufen wird, heisst Erfolg (Schopenhauer). Man unterscheidet Erfolgsdelikte, zu deren Vollendung der Eintritt des Erfolges gehört, von den Absichtsdelikten, bei denen die Verwirklichung des Tatbestandes (ohne Rücksicht auf den Erfolg) genügt.

2. Handlung ist die bewußte, willkürliche, durch körperliche Bewegung kraft der Gesetze der Kausalität hervorgerufene Einwirkung auf die Außenwelt, RG 20 146; — Kausalzusammenhang ist also nicht vorhanden, wenn die Körperbewegung hinweggedacht werden kann, ohne daß der Erfolg entfiele (Ursache — Wirkung).

Unterbrechung des Kausalzusammenhanges geschieht, wenn ein Dritter in die sich abwickelnde Kausalkette durch eine selbständige Handlung eingreift und so den Erfolg herbeiführt.

Über die begriffliche Festlegung von Ursache herrscht Streit: a) von Bar, Zitelmann: Ursache ist die den regelmässigen Verlauf ablenkende, zum Regelwidrigen gestaltende Bedingung; — b) Binding, Olshausen: Ursache ist die Handlung, welche den vorhandenen Bedingungen die entscheidende Richtung gibt; — c) von Liszt: Ursache ist eine der vielen notwendigen Bedingungen des Erfolges (Gleichwertigkeit aller Bedingungen); — d) Birkmeyer: Ursache ist die wirksamste Bedingung; — e) Kohler: Ursache ist die wirkende Kraft, causa efficiens.

3. Unterlassung ist das Nichthandeln, und zwar:

a) echtes Unterlassungsdelikt, delictum per commissionem commissum, wird verübt durch Übertreten eines staatlichen Gebotes, z. B. Nichtanzeige geplanter Verbrechen.

b) unechtes Unterlassungsdelikt, delictum per omissionem commissum, wird verübt durch Nichthinderung des Erfolges, z. B. die Mutter läßt ihr Kind verhungern.

Die Unterlassung ist nur dann von Bedeutung, wenn eine Rechtspflicht zum Handeln auf Grund des Gesetzes (z. B. Unterhaltspflicht), Vertrages (z. B. Wochenpflegerin), vorherigen Tuns (z. B. Operation) besteht.

III. Distanzverbrechen nennt man ein Delikt, bei welchem Körperbewegung und Erfolg örtlich auseinanderfallen; es ist an jedem Orte verübt, an welchem die Tat (sei es durch die Körperbewegung, sei es durch die in Bewegung gesetzte Kraft) ausgeführt wird, RG 23 155.

Nach von Bar, Frank, von Liszt entscheidet dagegen der Ort der Körperbewegung.

IV. Als schuldhafte Handlung setzt das Verbrechen Zurechnungsfähigkeit des Täters voraus, siehe w. u. S. 11.

§ 3. **Die Einteilung der strafbaren Handlungen**, welche das S gibt, beruht auf französischem Vorbilde.

1. Eine mit dem Tode, mit Zuchthaus oder mit Festungshaft von mehr als 5 Jahren bedrohte Handlung ist ein Verbrechen.

2. Eine mit Festungshaft bis zu 5 Jahren, mit Gefängnis oder mit Geldstrafe von mehr als 150 Mk. bedrohte Handlung ist ein Vergehen.

3. Eine mit Haft oder mit Geldstrafe bis zu 150 Mk. bedrohte Handlung ist eine Uebertretung.

§ 4. **Die räumliche Herrschaft** des Strafgesetzes wird vom S ausdrücklich geordnet.

I. In der Theorie sind folgende Prinzipien, nach denen die Herrschaft der Strafgesetze in bezug auf das Gebiet abgegrenzt wird, möglich.

1. Das Territorialitätsprinzip bestraft alle strafbaren Handlungen, die im Inlande, gleichviel, ob von Inländern oder von Ausländern, begangen worden sind.

2. Das aktive Nationalitätsprinzip verlangt, daß der Deutsche für gewisse im Auslande begangene strafbare Handlungen nach deutschem Rechte bestraft wird, niemals aber an das Ausland ausgeliefert werden soll.

3. Das Schutzprinzip oder das passive Nationalitätsprinzip will den Ausländer für einzelne im Auslande begangene strafbare Handlungen nach deutschem Rechte bestrafen, wenn sie gegen das Deutsche Reich gerichtet sind.

4. Das Prinzip der Weltrechtspflege oder das stellvertetende Strafrecht will den Ausländer nur dann nach deutschem Rechte wegen gewisser im Auslande begangener strafbarer Handlungen bestraft wissen,. wenn diese Handlungen sich gegen die gemeinsamen Interessen der Kulturgemeinschaft richten.

II. Das geltende Recht hat grundsätzlich das Territorialitätsprinzip angenommen, läßt aber in Ausnahmefällen auch darüber hinaus eine Bestrafung zu, S 3—6, 298.

1. Die Strafgesetze des Deutschen Reiches finden Anwendung auf alle im Gebiete desselben begangenen strafbaren Handlungen, auch wenn der Täter ein Ausländer ist.

2. Wegen der im Auslande begangenen Verbrechen und Vergehen findet in der Regel keine Verfolgung statt. Jedoch kann nach den Strafgesetzen des Deutschen Reiches verfolgt werden:

a) ein Deutscher oder ein Ausländer, welcher im Auslande eine hochverräterische Handlung gegen das Deutsche Reich oder einen Einzelstaat oder ein Münzverbrechen oder als Beamter des Deutschen Reiches oder eines Einzelstaates eine Handlung begangen hat, die nach den Gesetzen des Deutschen Reiches als Verbrechen oder Vergehen im Amte anzusehen ist;

b) ein Deutscher, welcher im Auslande eine landesverräterische Handlung gegen das Deutsche Reich oder einen Einzelstaat oder eine Beleidigung gegen einen Bundesfürsten begangen hat;

c) ein Deutscher, welcher im Auslande eine Handlung begangen hat, die nach den Gesetzen des Deutschen Reiches als Verbrechen oder Vergehen anzusehen und durch die Gesetze des Ortes, an welchem sie begangen wurde, mit Strafe bedroht ist.

Die Verfolgung ist auch zulässig, wenn der Täter bei Begehung der Handlung noch nicht Deutscher war; in diesem Falle bedarf es jedoch eines Antrages der zuständigen Behörde des Landes, in welchem die strafbare Handlung begangen worden ist, und das ausländische Strafgesetz ist anzuwenden, soweit dieses milder ist; in diesem Falle ist z. B. Mord ein Antragsdelikt.

d) ein Schiffsmann, welcher mit der Heuer entläuft oder sich verborgen hält, um sich dem übernommenen Dienste zu entziehen.

3. Im Auslande begangene Uebertretungen sind nur dann zu bestrafen, wenn dies durch besondere Gesetze oder Verträge angeordnet ist.

Als Ausland im Sinne des S ist jedes nicht zum Deutschen Reiche gehörige Gebiet anzusehen.

Die Schutzgebiete gehören nicht zum Deutschen Reiche, aber auch in ihnen gilt, ebenso wie in den Konsulargerichtsbezirken, das S auf Grund ausdrücklicher Anordnung.

1. Abteilung.

Allgemeiner Teil.

1. Kapitel.

Die Strafe.

§ 5. **Das Wesen der Strafe** wird bald aus ihr selbst, bald aus Momenten erklärt, die außerhalb der Strafe liegen.

I. Die relativen Theorien erklären die Strafe nicht aus sich selbst, sondern aus außerhalb ihrer liegenden Momenten.

So lehrte schon Seneca: nemo prudens punit, quia peccatum est, sed ne peccetur.

1. Innerhalb der Abschreckungstheorie sind folgende Auffassungen zu unterscheiden:

a) die Theorie des psychologischen Zwanges oder Generalprävention von A. Feuerbach;

b) die Warnungstheorie von Bauer;

c) die Spezialprävention von Grolman.

2. Die Besserungstheorie von Ahrens, Krug, Röder.

3. Innerhalb der Rechtstheorien werden unterschieden:

a) die Vertragstheorie von Rousseau;

b) die Theorie der politischen Abbüßung von Fichte;

c) die Martinsche Notwehr- oder Verteidigungstheorie;

d) die Schadensersatz- und Vergütungstheorie von Klein und Welcker.

II. Die absoluten Theorien erklären die Strafe als Selbstzweck, also aus sich selbst heraus.

1. Kant lehrt, die Strafe folge aus dem Verbrechen als sittliche Notwendigkeit.

2. Hegel sieht das Verbrechen als Negation des Rechtes an. Die Strafe folge als dialektische oder logische Notwendigkeit; die Strafe sei Negation der Negation des Rechtes.

3. Stahl bezeichnet die Strafe als religiöse Notwendigkeit.

4. Herbart sieht in der Strafe eine ästhetische Notwendigkeit.

5. Dühring erklärt die Strafe als natürliche sinnliche Notwendigkeit.

6. Kohler stellt die Sühnetheorie auf; er sucht die Strafe pantheistisch zu rechtfertigen, indem er von der läuternden Kraft des Schmerzes ausgeht.

III. Die Vereinigungstheorien verbinden die absoluten und die relativen Theorien. Die Anhänger dieser Lehre, namentlich Berner und Birkmeyer, erstreben eine Verbindung von Abschreckung und Besserung.

IV. Die Ausschließungstheorie der Anthropologen sagt: die Erklärung des Zweckes und des Rechtsgrundes liege außerhalb der Strafrechtswissenschaft. Sie verlangen Unschädlichmachung des Verbrechers; darauf zielen namentlich die Bestrebungen Lombroso's ab.

§ 6. **Die Einteilung der Strafen** kann nach dem Mittel und nach dem Zwecke geschehen.

I. Nach dem Mittel, mit welchem bestraft wird, unterscheidet man Strafe an Leben, Leib, Freiheit, Vermögen und Ehre.

1. Die Leibesstrafen sind im S beseitigt. Nach Landesrecht ist noch an Stelle von Gefängnisstrafe oder Geldstrafe Forst- und Gemeindearbeit zulässig.

Die Prügelstrafe in Zuchthäusern ist eine Disziplinarstrafe. Sie wird an Frauen nicht vollzogen; bei Männern ist sie nur nach vorheriger ärztlicher Untersuchung und nur aus ganz besonderen Ursachen, so bei Ausbruch oder bei Revolte, zugelassen.

2. Als Strafe an der Ehre kommt der Verweis vor.

II. Nach dem Zwecke unterscheidet man Vergeltungsstrafe und reine Zweckstrafe (General- und Spezialprävention).

III. Nach S werden Hauptstrafen und Nebenstrafen unterschieden.

1. Hauptstrafen sind solche Strafen, die allein den Gegenstand eines verurteilenden Erkenntnisses bilden können.

2. Nebenstrafe ist eine Strafe, die nur neben einer Hauptstrafe ausgesprochen werden darf.

Ausnahmsweise allerdings kann Verlust der bürgerlichen Ehrenrechte allein ausgesprochen werden: wenn ein Deutscher im Auslande wegen eines Verbrechens oder Vergehens bestraft worden ist, welches nach S Ehrverlust zur Folge hat, dann ist ein neues Strafverfahren zulässig, in welchem nur auf Ehrverlust zu erkennen ist, S 37.

§ 7. Die Todesstrafe ist durch Enthauptung zu vollstrecken; die Vollstreckung ist erst dann zulässig, wenn die Entschließung des Staatsoberhauptes eingeholt ist, von dem Begnadigungsrecht keinen Gebrauch macher zu wollen, C 488.

An Schwangeren oder geisteskranken Personen darf ein Todesurteil nicht vollstreckt werden. — Die Hinrichtung erfolgt in einem abgeschlossenen Raume (Intramuranhinrichtung).

§ 8. Die Freiheitsstrafen. I. Es kommt bei der Durchführung der Freiheitsstrafen wesentlich auf den prinzipiellen Standpunkt an (Strafe; — Möglichkeit einer Besserung).

Hiernach bestehen folgende Systeme:

1. Das irische oder Progressivsystem (4 Stufen: a) kurze Zeit Einzelhaft; — b) gemeinsame Arbeit in mehreren Klassen; — c) freierer Verkehr der Sträflinge; — d) vorläufige Entlassung).

2. Das Auburn'sche Schweigsystem: nachts Einzelzelle, am Tage gemeinsame Arbeit unter strengem Schweigen.

3. Das pennsylvanische Zellensystem: strenge Absonderung bei Tag und Nacht (Sing Sing).

Erstes Zuchthaus: Bridewell in London 1555.

II. Dauer: bei Zuchthaus nach vollen Monaten, in den anderen Fällen nach vollen Tagen zu berechnen.

III. Umrechnung: 8 Monate Zuchthaus = 1 Jahr Gefängnis; — 8 Monate Gefängnis = 1 Jahr Festungshaft.

IV. Die Einzelhaft darf ohne Zustimmung des Gefangenen 3 Jahre nicht übersteigen.

V. Vorläufige Entlassung ist bei längeren Zuchthaus- oder Gefängnisstrafe zulässig, wenn drei Viertel (mindestens 1 Jahr) verbüßt ist; bei schlechter Führung erfolgt Widerruf und Abbüßung des ganzen Restes.

§ 9. Die Zuchthausstrafe ist lebenslänglich oder zeitig (1 bis 15 Jahre).

I. Die Verurteilung zur Zuchthausstrafe hat die dauernde Unfähigkeit zum Dienste im deutschen Heere und der kaiserlichen Marine sowie die dauernde Unfähigkeit zur Bekleidung von öffentlichen Ämtern von Rechts wegen zur Folge.

Als öffentliches Amt in diesem Sinne gilt auch die Advokatur, die Anwaltschaft und das Notariat sowie der Geschworenen- und Schöffendienst.

II. Die Zuchthausstrafe ist entehrend.

Wo die Wahl zwischen Zuchthaus und Festungshaft gestattet ist, darf auf Zuchthaus nur dann erkannt werden, wenn festgestellt wird, dass die strafbar befundene Handlung aus einer ehrlosen Gesinnung entsprungen ist.

III. Die zur Zuchthausstrafe Verurteilten werden in Strafanstalten verbracht und dort zu den eingeführten Arbeiten (auch außerhalb der Anstalt, aber getrennt von freien Arbeitern) angehalten.

§ 10. **Die Gefängnisstrafe** ist stets als zeitig angedroht (ein Tag bis 5 Jahre); bei Realkonkurrenz: bis zu 10 Jahren; bei Jugendlichen: bis zu 15 Jahren.

Die Gefangenen können in einer Gefangenanstalt (außerhalb nur mit ihrer Zustimmung) auf eine ihren Fähigkeiten und Verhältnissen angemessene Weise beschäftigt werden; auf ihr Verlangen sind sie in dieser Weise zu beschäftigen.

§ 11. **Die Festungshaft** ist lebenslänglich oder zeitig (1 Tag bis 15 Jahre) und besteht in Freiheitsentziehung (in Festungsstuben) mit Beaufsichtigung der Beschäftigung und Lebensweise der Gefangenen; sie ist nicht entehrend.

§ 12. **Die Haft** (1 Tag bis 6 Wochen); bei Realkonkurrenz bis zu 3 Monaten. Sie besteht in Freiheitsentziehung ohne Arbeitszwang.

Dagegen besteht bei Landstreichern, Prostituierten, Bettlern, Arbeitsscheuen ein Arbeitszwang nach den Fähigkeiten, und die Aussenarbeit ist zulässig auch ohne Zustimmung der Häftlinge.

§ 13. **Die Geldstrafe** hat im S keinen Höchstbetrag.

Im besonderen Teile sind Geldstrafen bis 6000 Mk. z. B. bei Versicherungsbetrug und bei gewerbsmässigem Glücksspiel angedroht, bis 15000 Mk. bei gewerbs- oder gewohnheitsmässigem Wucher, bis 20000 Mk. nach H, bis 100000 Mk. bei Sklavenraub.

I. Der Mindestbetrag ist bei Verbrechen oder Vergehen 3 Mk., bei Übertretung 1 Mk.

Nach einzelnen Gesetzen ist eine Geldstrafe von weniger als 1 Mk. zulässig, z. B. als Schulstrafe für Eltern, deren Kinder die Schule zu besuchen unterlassen haben. Ist diese Strafe nicht beitreibbar, so darf sie nicht in Freiheitsstrafe umgewandelt werden.

II. Eine nicht beizutreibende Geldstrafe ist in Gefängnis umzuwandeln (bei Verbrechen und Vergehen: 3 bis 15 Mk. = 1 Tag; — bei Übertretungen: 1 bis 15 Mk. = 1 Tag). Ist die Geldstrafe wegen einer Übertretung erkannt worden, dann findet eine Umwandlung in Haft statt.

Ausgeschlossen ist die Umwandlung bei Stempelstrafen, bei den Ordnungsstrafen, die gegen Geschworene, Schöffen oder Verteidiger verhängt werden.

Wenn gemäss G 179 eine Ungebührstrafe in Geld verhängt worden ist, so darf diese nicht umgewandelt werden (streitig).

III. Ist bei einem Vergehen Geldstrafe allein oder an erster Stelle oder wahlweise neben Haft angedroht, so kann die Geldstrafe in Haft umgewandelt werden, wenn die erkannte Strafe nicht den Betrag von 600 Mk. und die an ihre Stelle tretende Freiheitsstrafe nicht die Dauer von sechs Wochen übersteigt.

Hier kann also auch bei Vergehen, z. B. S 185, 145, auf Haft erkannt werden.

Ist die Geldstrafe neben Zuchthaus erkannt worden, dann wird sie zunächst in Gefängnisstrafe und diese sodann in Zuchthausstrafe umgewandelt.

IV. In den Nachlaß kann eine Geldstrafe nur dann vollstreckt werden, wenn das Urteil bei Lebzeiten des Erblassers gegen ihn rechtskräftig geworden ist.

§ 14. Der Verweis ist die einzige Hauptstrafe an der Ehre; er kann nur gegen Jugendliche wegen besonders leichter Vergehen oder Übertretungen erkannt werden.

§ 15. Die Aberkennung der bürgerlichen Ehrenrechte kann durch Urteil ausgesprochen werden: 1. neben der Todesstrafe, — 2. neben der Zuchthausstrafe, — 3. neben der Gefängnisstrafe nur dann, wenn die Dauer der erkannten Strafe drei Monate erreicht und entweder das Gesetz den Verlust der bürgerlichen Ehrenrechte ausdrücklich zuläßt oder die Gefängnisstrafe wegen Annahme mildernder Umstände an Stelle von Zuchthausstrafe ausgesprochen wird. Die Wirkung des Ehrverlustes tritt mit der Rechtskraft ein; die Zeit des Ehrverlustes wird vom Tage der Verbüßung der Strafe berechnet.

Die Aberkennung der bürgerlichen Ehrenrechte ist jedoch obligatorisch 1. bei Meineid, — 2. bei schwerer Kuppelei, — 3. bei gewerbs- und gewohnheitsmässigem Wucher, — 4. bei Mädchenhandel, d. h. wenn jemand eine Frauensperson zu dem Zwecke, sie der Gewerbsunzucht zuzuführen, unter Verschweigung dieses Umstandes zur Auswanderung verleitet; § 48 des Gesetzes über das Auswanderungswesen vom 9. Juni 1897.

I. Die Dauer des Verlustes der bürgerlichen Ehrenrechte beträgt: bei zeitiger Zuchthausstrafe mindestens 2 und höchstens 10 Jahre; — bei Gefängnisstrafe mindestens 1 Jahr und höchstens 5 Jahre.

Bei Todesstrafe und lebenslänglicher Zuchthausstrafe ist der Verlust der bürgerlichen Ehrenrechte dauernd. Von Bedeutung ist dies für den Fall einer Begnadigung.

II. Die Aberkennung bewirkt den dauernden Verlust:

1. der aus öffentlichen Wahlen für den Verurteilten hervorgegangenen Rechte (Verlust der bereits erworbenen Mandate);

2. der (erworbenen) öffentlichen Ämter, Würden, Titel, Orden und Ehrenzeichen.

III. Die Aberkennung bewirkt die Unfähigkeit, während der im Urteile bestimmen Zeit:

1. die Landeskokarde zu tragen,

2. in das deutsche Heer und die kaiserliche Marine einzutreten,

3. öffentliche Ämter, Würden, Titel, Orden und Ehrenzeichen zu erlangen,

4. in öffentlichen Angelegenheiten zu stimmen, zu wählen oder gewählt zu werden oder andere politische Rechte auszuüben,

5. Zeuge bei Aufnahme von Urkunden zu sein,

6. Vormund, Gegenvormund, Pfleger, Beistand der Mutter, Mitglied eines Familienrates oder Kurator zu sein.

In letzterem Falle ist jedoch die Übernahme eines dieser Familienämter zulässig, wenn es sich um eine Deszendenztutel, d. h. um Verwandte gerader Linie handelt und die obervormundschaftliche Behörde oder der Familienrat seine Genehmigung erteilt.

IV. Neben einer Gefängnisstrafe, mit welcher die Aberkennung der bürgerlichen Ehrenrechte überhaupt hätte verbunden werden können, kann auf die Unfähigkeit zur Bekleidung öffentlicher Ämter auf die Dauer von ein bis zu fünf Jahren erkannt werden; dies bewirkt zugleich den dauernden Verlust der bisher bekleideten Ämter.

§ 16. **Die Polizeiaufsicht** kann im Urteile neben einer Freiheitsstrafe in den gesetzlich bestimmten Fällen ausgesprochen werden.

Die höhere Landespolizeibehörde hat dadurch die Befugnis, nach der Anhörung der Gefängnisverwaltung den Verurteilten auf die Zeitdauer von höchstens fünf Jahren unter Polizeiaufsicht zu stellen.

Die Wirkungen der Polizeiaufsicht sind:

1. dem Verurteilten kann der Aufenthalt an einzelnen bestimmten Orten von der höheren Landespolizeibehörde untersagt werden;

2. die höhere Landespolizeibehörde ist befugt, den Ausländer aus dem Bundesgebiete (nicht nur aus dem Gebiete des Einzelstaates) auszuweisen;

3. Haussuchungen unterliegen keiner Beschränkung hinsichtlich der Zeit.

§ 17. **Die Überweisung an die Landespolizeibehörde** ist die durch Urteil ausgesprochene Ermächtigung der Landespolizeibehörde, die verurteilte Person bis zu zwei Jahren entweder in ein Arbeitshaus unterzubringen oder zu gemeinnützigem Arbeiten zu verwenden. Dies findet statt z. B. gegen Landstreicher, Bettler, Dirnen.

Ist gegen einen Ausländer auf Überweisung an die Landespolizeibehörde erkannt, so kann neben oder an Stelle der Unterbringung Verweisung aus dem Bundesgebiete eintreten; diese Verweisung ist nicht auf eine bestimmte Zeit beschränkt.

§ 18. **Die Einziehung** kann durch Urteil bzl. der Gegenstände ausgesprochen werden, welche durch ein vorsätzliches Verbrechen oder Vergehen hervorgebracht (producta sceleris) oder zu dessen Begehung gebraucht oder bestimmt (instrumenta sceleris) sind.

Die Einziehung erfolgt grundsätzlich nur dann, wenn die Gegenstände dem Täter oder einem strafbaren Teilnehmer gehören; ausnahmsweise können Gegenstände eingezogen werden, die fremden Personen gehören, z. B. bei Münzdelikt S 152, bei Jagdvergehen S 295, bei unbefugtem Fischen der Ausländer S 296a, bei Bestechung S 335, bei Übertretung S 360 367, 369, 2.

Unbrauchbarmachung der Platten usw. bei Preßdelikten.

Objektives Verfahren: S 40—42.

2. Kapitel.

Das Verbrechen.

§ 19. **Rechtswidrigkeit** ist die Eigenschaft des Tatbestandes einer strafbaren Handlung, daß sie gegen die geltende Rechtsordnung verstößt.

Der Gegensatz von Rechtswidrigkeit nach Zivil- und Strafrecht liegt darin, dass nach Zivilrecht rechtswidrig nicht nur das ist, was strafrechtlich rechtswidrig ist, sondern was darüber hinaus ohne das Vorhandensein eines Zivilrechtes geschieht.

I. Das Bewußtsein der Rechtswidrigkeit ist Voraussetzung einer jeden strafbaren Handlung; der Zusatz „rechtswidrig" ist daher bei jedem Delikte hinzuzudenken.

In denjenigen Fällen, in denen das Gesetz ausdrücklich die Rechtswidrigkeit hervorhebt, muss geprüft werden, ob das Bewusstsein der Rechtswidrigkeit vorhanden gewesen ist; z. B. S 303.

II. Eine strafbare Handlung kann nicht angenommen werden, wenn ein Unrecht nicht vorliegt, oder wenn eine rechtlich gleichgültige Handlung verübt wird, oder wenn die Handlung rechtlich erlaubt ist.

1. Ein Unrecht liegt z. B. nicht vor, wenn jemand auf Grund des Nothilferechtes handelt, B 904.

2. Rechtlich gleichgültig ist das Putativdelikt (Wahnverbrechen), d. h. der Täter glaubt, die von ihm verübte Handlung sei strafbar, während in Wirklichkeit Strafe nicht darauf gesetzt ist.

Verbrecherwahn ist der irrige Glaube des Täters, auf Grund höherer Pflichten eine strafbare Handlung begehen zu müssen, von der er weiss, dass sie strafbar ist. Verbrecherwahn ist kein Grund zur Ausschliessung der Bestrafung.

Ist das Objekt zur Begehung des Deliktes untauglich, dann liegt eine strafbare Handlung grundsätzlich nicht vor, z. B. jemand stiehlt eine herrenlose Sache, indem er irrtümlich annimmt, sie stehe im Eigentum eines anderen; jemand zerstört seine eigene Sache.

3. Rechtlich erlaubt ist eine Handlung, wenn ein Rechtssatz ihre Vornahme gestattet.

Tatbestände dieser Art sind folgende:

a) wer in Ausübung der Amtspflicht handelt;

b) wer auf den Befehl des Vorgesetzten handelt, begeht dann nicht eine strafbare Handlung, wenn er zur Befolgung des Befehles verpflichtet war;

c) wer eine Erziehungsgewalt oder Zuchtgewalt ausübt;

d) das Bergungsrecht nach der Strandungsordnung;

e) das Prisen- und Beuterecht in Kriegsfällen;

f) die vorläufige Festnahme des in flagranti ertappten Täters;

g) die Einwilligung des Verletzten ist insoweit geeignet, eine Handlung zu einer nicht strafbaren zu machen, als der Täter das Recht hat, über das Rechtsgut zu verfügen, z. B. Beleidigung, leichte Körperverletzung ist nicht strafbar, wenn der Verletzte eingewilligt hat.

§ 20. Zurechnungsunfähigkeit liegt vor, wenn der Täter in dem Augenblicke, in welchem die Tat begangen wird, weder geistig reif noch geistig gesund ist.

1. Die geistige Gesundheit fehlt dann, wenn der Täter zur Zeit der Begehung der Handlung sich in einem Zustande von Bewusstlosigkeit oder krankhafter Störung der Geistestätigkeit befand, durch welche seine freie Willensbestimmung ausgeschlossen war, S 51. Dagegen gehört nicht hierher die Unfähigkeit, sich durch sittliche oder rechtliche Motive bestimmen zu lassen, z. B. moral insanity, Kleptomanie (verminderte Zurechnungsfähigkeit).

2. Das Bewusstsein ist getrübt oder ausgeschlossen, wenn die Willensbildung des Täters der normalen Hemmungen beraubt ist, z. B. sinn-

lose Trunkenheit, übergrosse Erregung, Fieberwahn, Hypnose (auch Posthypnose), Schlaftrunkenheit.

3. Actiones liberae in causa seu ad libertatem relatae: der Täter fasst den Entschluss zur strafbaren Handlung im Zustande der Zurechnungsfähigkeit, versetzt sich hierauf in den Zustand der Zurechnungsunfähigkeit, um dann den rechtswidrigen Erfolg durch sein Tun oder Unterlassen herbeizuführen; er ist voll strafbar. Beispiel: der Bahnwärter betrinkt sich, um im Rausche die Weichenstellung zu unterlassen und den Zug zum Entgleisen zu bringen. – Eine Mutter, die sich im Schlafe wirft, nimmt ihr Kind mit in das Bett, um es während des Schlafes zu erdrücken.

§ 21. **Notwehr** ist diejenige Verteidigung, welche erforderlich ist, um einen gegenwärtigen rechtswidrigen Angriff von sich oder einem anderen abzuwehren, S 53, Abs. 2. Sie ist ein Schuldausschließungsgrund (Verteidigung gegen ein Unrecht); eine strafbare Handlung liegt nicht vor.

Gegen Notwehr gibt es nicht Notwehr.

Die Notwehr wird durch das Mass gebotener Abhilfe, moderamen inculpatae tutelae, begrenzt. Ihre Überschreitung (Notwehrexzess) ist nicht strafbar, wenn der Täter in Bestürzung, Furcht oder Schrecken (asthenische Affekte) über die Grenzen der Verteidigung hinausgegangen ist. In diesem Falle liegt jedoch nur ein Strafausschliessungsgrund vor.

Gegen den Angriff von Tieren gibt es nicht Notwehr, RGSt **34** 295.

Gegenüber Geisteskranken, die man als solche kennt, kann Notwehr geübt werden, RGSt **27** **44**.

Das Mittel der Notwehr muss in einer gewissen Beziehung zu dem rechtswidrigen Angriff stehen.

§ 22. **Notstand** nach S 52 liegt vor, wenn der Täter durch unwiderstehliche Gewalt oder durch eine Drohung, welche mit einer gegenwärtigen, auf andere Weise nicht abwendbaren Gefahr für Leib oder Leben seiner selbst oder eines Angehörigen verbunden war, zur Handlung genötigt worden ist. Dieser Notstand ist ein Schuldausschließungsgrund.

Als Angehörige gelten: Verwandte und Verschwägerte auf- und absteigender Linie, Adoptiv- und Pflegeeltern und -kinder, Ehegatten, Geschwister und deren Ehegatten und Verlobte.

Notstand nach S 54 liegt vor, wenn die Handlung (außer dem Falle der Notwehr) in einem unverschuldeten, auf andere Weise nicht zu beseitigenden Notstande zur Rettung aus einer gegenwärtigen Gefahr für Leib oder Leben des Täters oder eines Angehörigen begangen worden ist. Dieser Notstand ist Strafausschließungsgrund.

§ 23. **Der Mangel geistiger Reife** zeigt sich bei Kindern, Jugendlichen, Taubstummen.

I. Kinder, d. h. Personen, die zur Zeit der Begehung der Handlung das 12. Lebensjahr noch nicht vollendet haben, können wegen der Tat strafrechtlich nicht verfolgt werden.

Gegen das Kind können jedoch nach landesgesetzlichen Vorschriften (nach Beschluss des Vormundschaftsgerichtes) die zur Besserung und Beaufsichtigung geeigneten Massregeln (Unterbringung in eine Familie, Erziehungsanstalt oder Besserungsanstalt) getroffen werden.

II. Jugendliche sind Personen, die bei der Begehung der Handlung das 12., aber nicht das 18. Lebensjahr vollendet hatten.

1. Der Jugendliche ist freizusprechen, wenn er bei der Begehung der strafbaren Handlung die zur Erkenntnis der Strafbarkeit erforderliche Einsicht nicht besaß.

In dem Urteile ist zu bestimmen, ob der Angeschuldigte einer Familie überwiesen oder in eine Erziehungs- oder Besserungsanstalt gebracht werden soll (jedoch nicht über das vollendete 20. Lebensjahr).

2. Hat der Jugendliche die Einsicht besessen, so wird er milder als Erwachsene bestraft.

Statt Tod oder lebenslänglichem Zuchthaus: Gefängnis von 3 bis zu 15 Jahren; statt lebenslänglicher Festungshaft: Festungshaft von 3 bis zu 15 Jahren; statt Zuchthaus oder einer anderen zeitigen Freiheitsstrafe: Strafmass zwischen dem gesetzlichen Mindestbetrage der angedrohten Strafart und der Hälfte des Höchstbetrages der angedrohten Strafe (hierbei statt Zuchthaus: Gefängnisstrafe von gleicher Dauer, nicht etwa Umrechnung); — ist die Handlung ein Vergehen oder eine Übertretung, so kann in besonders leichten Fällen auf Verweis erkannt werden.

Ehrverlust und Polizeiaufsicht werden nicht verhängt; dagegen ist die Unfähigkeit, als Zeuge oder Sachverständiger eidlich vernommen zu werden, beim Meineide eines Jugendlichen selbst dann auszusprechen, wenn er ihn als noch nicht Sechszehnjähriger verübt hat.

Die Freiheitsstrafe ist in besonderen, zur Verbüssung von Strafen jugendlicher Personen bestimmten Anstalten oder Räumen zu vollziehen.

III. Ein Taubstummer, der die zur Erkenntnis der Strafbarkeit einer von ihm begangenen Handlung erforderliche Einsicht nicht besaß, ist freizusprechen, S 58.

Dagegen wird der Taubstumme wie jeder andere seines Alters bestraft, wenn er die erforderliche Einsicht besass.

§ 24. Die strafrechtliche Schuld kommt als Vorsatz und als Fahrlässigkeit vor.

I. Der Vorsatz stellt sich als das Bewußtsein der Kausalität dar; er umfaßt nicht nur die Vorstellung der Willensbetätigung selbst und die Voraussicht des zur Verwirklichung der strafbaren Handlung erforderlichen Erfolges, sondern auch die Vorstellung der Kausalität, d. h. die Vorstellung davon, daß die Willensbetätigung, als Ursache, den Erfolg als Wirkung nach sich zieht.

Bei Unterlassungsdelikten tritt an die Stelle der Vorstellung der Kausalität die Vorstellung, daß der Erfolg nicht gehindert werde.

Nach der Wissenstheorie (Vorstellungstheorie), die von von Liszt, Kohler, von Lilienthal, Frank vertreten wird, ist Vorsatz die Voraussicht des durch die Willensbetätigung bewirkten oder nicht gehinderten rechtswidrigen Erfolges. — Nach der Willenstheorie (Meyer) ist der Vorsatz das Wollen der Handlung mit Einschluss des Erfolges.

1. Unbedingter Vorsatz ist derjenige Vorsatz, den der Täter dann fasst, wenn er den Eintritt des Erfolges für sicher hält; — bedingter Vorsatz (dolus eventualis) liegt vor, wenn der Täter den Eintritt des Erfolges nicht für zweifellos möglich hält, aber die Überzeugung von dem möglichen Eintritt des Erfolges ihn nicht von der Begehung abgehalten hat (er willigt in den möglichen Erfolg).

2. der Vorsatz, wenn der Täter die Tat mit Überlegung ausgeführt hat, dolus praemeditatus, z. B. S 211 (Mord); — der Vorsatz, wenn der Täter die Tat nicht mit Überlegung ausgeführt hat, dolus repentinus, z. B. S 212 (Totschlag).

3. dolus determinatus ist bestimmt; — dolus indeterminatus (unbestimmt) genügt nicht (streitig).

4. der dolus subsequens ist ein Vorsatz, der auf ein an sich schuldloses Handeln hinterher nachfolgt (strafrechtlich ohne Bedeutung); — der dolus antecedens; — der dolus generalis (Weber).

II. Absicht ist gleichbedeutend mit dem Zweck, welchen der Täter bei seiner strafbaren Handlung verfolgt.

Der Vorsatz ist Tatwille. Die Absicht ist Erfolgswille.

Die Terminologie des S ist jedoch keineswegs einwandsfrei. So heisst es in S 43: beabsichtigtes Verbrechen oder Vergehen. S 266: wenn sie absichtlich zum Nachteil handeln. In diesen Fällen ist stets „vorsätzlich" gemeint.

III. Fahrlässigkeit ist die pflichtwidrige Nichtvoraussicht des Erfolges (Mangel an Vorsicht und Mangel an Voraussicht).

1. Das Fahrlässigkeitsdelikt darf nur dann bestraft werden, wenn es im Gesetze mit Strafe bedroht ist, z. B. fahrlässige Abtreibung ist nicht strafbar, wohl aber fahrlässige Tötung.

2. Schwere Fahrlässigkeit liegt dann vor, wenn der Täter vermöge seines Amtes, Berufes oder Gewerbes zu der ausser acht gelassenen Sorgfalt besonders verpflichtet war, z. B. S 222 Abs. 2.

IV. Der Irrtum über das Vorhandensein von Tatumständen, welche zum gesetzlichen Tatbestande gehören oder die Strafbarkeit erhöhen, kann die Schuld aufheben; — bei der Bestrafung fahrlässig begangener Handlungen gilt dies nur insoweit, als die Unkenntnis selbst nicht durch Fahrlässigkeit verschuldet ist, S 59 Abs. 2.

1. Nur der Irrtum über Tatsachen entschuldigt (nicht der Irrtum über strafrechtliche Rechtssätze); — der Irrtum über zivilrechtliche Fragen ist strafrechtlich als Irrtum über Tatsachen anzusehen.

2. Der Irrtum ist unerheblich, wenn lediglich der Erfolg in anderer Weise eintrat, als der Täter es erwartete.

a) Aberratio ictus ist der Fall, dass nicht der vorgestellte Erfolg, sondern infolge äusserer Umstände ein anderer Erfolg eintritt, z. B. A. schiesst auf B, trifft aber den danebenstehenden C. Hier liegt vollendeter Mord vor.

b) Error in persona liegt vor, wenn die Handlung so vollendet wurde, wie der Täter sie sich vorgestellt hat, das Objekt aber ein anderes als das ursprünglich gewollte war, z. B. der Fall Rose-Rosal: auf Anstiften seines Dienstherrn Rosal erschiesst der Arbeiter Rose den Gymnasiasten Harnisch, den er für den Holzhändler Schliebe hält. Es liegt Mord vor.

§ 25. Voraussetzungen der Strafbarkeit sind Tatsachen, die zu dem an sich verbotenen Handeln noch hinzutreten müssen, um es strafbar zu machen.

Man teilt die Voraussetzungen der Strafbarkeit in positive und negative (siehe w. u. Seite 19) ein.

I. In einzelnen Fällen ist Voraussetzung, daß ein im gesetzlichen Tatbestande genanntes Ereignis eingetreten ist, z. B. es muß ein Nachteil des fälschlich Angeschuldigten dadurch vorhanden sein, daß jemand ein falsches Zeugnis abgibt.

II. In anderen Fällen wird erfordert, daß eine Zivilgerichtsentscheidung vorangegangen sei, z. B. ein Urteil über Richtigkeit oder Scheidung einer Ehe bei Ehebetrug, bei Ehebruch, bei Entführung.

III. Der Strafantrag ist eine materielle Voraussetzung der Strafbarkeit (streitig); er ist bei Antragsdelikten erforderlich.

1. Man unterscheidet daher:

a) Offizialdelikt ist eine strafbare Handlung, bei welcher ex officio seitens der Strafverfolgungsbehörde eingeschritten wird.

b) Antragsdelikt ist eine strafbare Handlung, bei welcher nur eingeschritten wird, wenn ein Strafantrag gestellt ist.

2. Im Wege der Privatklage (seitens des Verletzten) können 4 Antragsdelikte verfolgt werden. Diese 4 Privatklagedelikte sind: die Beleidigung und die leichte Körperverletzung, soweit sie auf Antrag verfolgbar sind, der unlautere Wettbewerb und die Urheberrechtsverletzung.

3. Innerhalb der Antragsdelikte sind zu unterscheiden:

a) absolute, bei denen als Verletzter jede beliebige Person denkbar ist; z. B. Beleidigung, Hausfriedensbruch, Sachbeschädigung;

b) relative, bei denen ein besonderes, persönliches Verhältnis zwischen dem Verletzten und dem Täter besteht; z. B. Hausdiebstahl.

4. Der Antrag ist binnen drei Monaten zu stellen; die Frist beginnt mit dem Tage, seit welchem der zum Antrage Berechtigte von der Handlung und von der Person des Täters Kenntnis gehabt hat, S 61. — Wenn von mehreren zum Antrage Berechtigten einer die dreimonatige Frist versäumt, so wird hierdurch das Recht der übrigen nicht ausgeschlossen, S 62.

a) Der Antrag kann nicht geteilt werden. Das gerichtliche Verfahren findet gegen sämtliche an der Handlung beteiligten Täter und Teilnehmer sowie gegen den Begünstiger statt, auch wenn nur gegen eine dieser Personen auf Bestrafung angetragen worden ist, S 63.

b) Die Zurücknahme des Antrages ist nur in den gesetzlich besonders vorgesehenen Fällen und nur bis zur Verkündigung eines auf Strafe lautenden Urteiles zulässig, S 64; — so namentlich: bei feindlichen Handlungen gegen befreundete Staaten S 102, 103, 104; bei Beleidigung S 194; bei Körperverletzung gegen einen Angehörigen S 232; bei Hausdiebstahl oder Hausunterschlagung S 247; bei Betrug gegen Angehörige S 263; bei Wilddieberei eines Angehörigen S 292; bei Sachbeschädigung gegen einen Angehörigen S 303; bei Mundraub S 370 Nr. 5; bei Futterdiebstahl S 370 Nr. 6.

5. Der Verletzte, der das 18. Lebensjahr vollendet hat, ist selbständig zur Stellung des Strafantrages berechtigt. Solange er minderjährig ist, hat, unabhängig von seiner eigenen Befugnis, auch sein gesetzlicher Vertreter das Recht, den Antrag zu stellen, S 65, Abs. 1. — Ist also der Verletzte geschäftsunfähig, oder hat er das 18. Lebensjahr noch nicht vollendet, so ist der gesetzliche Vertreter der zur Stellung des Antrages Berechtigte, S 65, Abs. 2.

Die Form des Strafantrages wird in C 156 geregelt.

IV. In gewissen Fällen ist eine Ermächtigung erforderlich, z. B. bei Beleidigung von Bundesfürsten, bei Beleidigung politischer Körperschaften.

Der Antrag unterscheidet sich von der Ermächtigung dadurch, dass die Ermächtigung eingeholt wird und ihre Zurücknahme unzulässig ist.

3. Kapitel.

Das unvollendete Verbrechen.

§ 26. Versuch liegt vor, wenn jemand den Entschluß, ein Verbrechen oder Vergehen zu verüben, durch Handlungen, welche den Anfang der Ausführung dieses Verbrechens oder Vergehens enthalten, betätigt hat, das beabsichtigte Verbrechen oder Vergehen aber nicht zur Vollendung gekommen ist, S 43.

I. Der Anfang der Ausführung, commencement d'exécution, ist die teilweise Verwirklichung der gewollten strafbaren Handlung.

Beendeter Versuch ist ein Versuch, bei dem die auf den Erfolg gerichtete Handlung zwar abgeschlossen, aber erfolglos geblieben ist, délit manqué. — Nicht beendeter Versuch ist ein Versuch, bei dem die Handlung, die auf den Erfolg gerichtet ist, noch nicht abgeschlossen ist.

1. Die Vorbereitungshandlungen sind straflos, soweit sie auf die versuchte strafbare Handlung Bezug haben.

Dagegen können die Vorbereitungshandlungen für sich betrachtet (als delicta sui generis) strafbar sein; z. B. die Herausforderung zum Zweikampfe.

2. Der Versuch kann nur vorsätzlich verübt werden; ein fahrlässiger Versuch ist nicht möglich; der Versuch eines echten Unterlassungsdeliktes ist nicht möglich.

3. Der Versuch an einem untauglichen Objekte oder mit untauglichen Mitteln kann richtiger Ansicht nach nicht bestraft werden.

Die subjektive Theorie (Buri, Plenarentscheidungen des RG vom 24. Mai 1880 und 30. März 1883) bestraft den Versuch am untauglichen Objekt, z. B. den Abtreibungsversuch seitens einer nicht schwangeren Frau und den Versuch mit untauglichen Mitteln, z. B. die Abtreibung mittelst Zuckerwasser. Es genügt, dass der verbrecherische Wille irgendwie betätigt wird. RGSt **1** 439, **8** 198, **17** 158; von Buri in ZStW **1** 185.

Die objektive Theorie verlangt, dass der Versuch dann zu strafen sei, wenn er den Eintritt einer objektiven Gefahr bewirkt (Berner, Olshausen-Zweigert, Meyer-Allfeld, Binding, Beling).

Nach v. Liszt ist eine retrospektive Prognose zu veranstalten; es ist konkrete Gefährlichkeit des Versuches erforderlich.

Kohler hält den Versuch dann für strafbar, wenn er eine ideelle Gefährdung des Bestandes der rechtlichen Ordnung mit sich führt.

II. Der Versuch wird bei Verbrechen stets, bei Vergehen nur in den vom Gesetze bestimmten Fällen, bei Übertretungen nicht bestraft.

Jedoch bestehen Ausnahmen nach prForstDiebG 4; hier ist die versuchte Handlung der vollendeten gleichgestellt.

Das versuchte Verbrechen oder Vergehen ist milder zu bestrafen als das vollendete.

1. Ist das vollendete Verbrechen mit dem Tode oder mit lebenslänglichem Zuchthaus bedroht, so tritt Zuchthausstrafe nicht unter 3 Jahren ein (daneben: Zulässigkeit von Polizeiaufsicht).

2. Ist das vollendete Verbrechen mit lebenslänglicher Festungshaft bedroht, so tritt Festungshaft nicht unter 3 Jahren ein.

3. In den übrigen Fällen kann die Strafe bis zu einem Viertel des Mindestbetrages der auf das Verbrechen oder Vergehen angedrohten Freiheits- und Geldstrafe ermässigt werden; ist in diesem Falle Zuchthausstrafe unter 1 Jahr verwirkt, so ist sie in Gefängnis zu verwandeln.

4. Ehrverlust und Polizeiaufsicht: wie beim vollendeten Delikte.

III. Straflosigkeit des Versuches (als solchen) tritt bei Rücktritt vom Versuche und bei tätiger Reue ein.

Wenn jedoch das, was der Täter bereits ausgeführt hat, in sich selbst betrachtet, den Gegenstand einer strafbaren Handlung (delictum sui generis) bildet, dann würde in diesem Falle Bestrafung wegen der so durchgeführten Handlung eintreten.

1. Freiwilliger Rücktritt vom Versuche ist das Aufgeben der weiteren Ausführung der (noch nicht abgeschlossenen) vorgesetzten Handlung, ohne daß der Täter an dieser Ausführung durch Umstände gehindert worden ist, welche von seinem Willen unabhängig waren; der freiwillige Rücktritt des Täters macht jedoch die Mittäter und Gehilfen nicht straffrei, RGRspr 8 12.

2. Tätige Reue ist die Abwendung des Eintritts des zur Vollendung des Verbrechens oder Vergehens gehörigen Erfolges durch eine Tätigkeit des Täters zu einer Zeit, zu welcher die Handlung (Erfolgsdelikt) noch nicht entdeckt war.

Tätige Reue beim vollendeten Delikte ist im allgemeinen nur als mildernder Umstand zu berücksichtigen. In einzelnen Fällen ist tätige Reue beim vollendeten Delikte ein Strafausschliessungsgrund: 1. bei der Brandstiftung, — 2. beim fahrlässigen Falscheid, — 3. beim Zweikampf. — Beim wissentlichen Meineid ist tätige Reue strafmildernd.

§ 27. **Unternehmen** ist eine strafbare Handlung, welche von den Vorbereitungshandlungen an (über den Versuch hinaus) alle diejenigen Taten umfaßt, welche darauf hin gerichtet sind, die strafbare Handlung zur Durchführung gelangen zu lassen.

1. Das Unternehmen, durch welches das Verbrechen des Hochverrates vollendet wird, ist jede Handlung, durch welche das Vorhaben unmittelbar zur Ausführung gebracht werden soll; vgl. S 81, 82.

2. In allen anderen Fällen ist es jede Handlung, durch welche die Absicht an den Tag gelegt wird, die strafbare Handlung zu verüben. Jedoch ist das Unternehmen nur in denjenigen Fällen strafbar, in denen das Gesetz ausdrücklich auf das Unternehmen hinweist, z. B. feindliche Handlungen gegen befreundete Staaten S 102, in Beziehung auf die Ausübung der staatsbürgerlichen Rechte S 105, bei Widerstand gegen die Staatsgewalt S 114, bei Meuterei S 122, bei Unternehmen der Verleitung zum Meineide S 159, bei Amtsdelikten S 357.

4. Kapitel.

Die Beteiligung mehrerer an einem Verbrechen.

§ 28. **Teilnahme** ist die Mitwirkung mehrerer Personen bei derselben strafbaren Handlung.

Im 3. Abschnitte des S werden unter diesen Sammelbegriff gestellt: die Mittäterschaft S 47, die Anstiftung S 48, die Beihilfe S 49, der Verbrechensanreiz S 49a.

I. Die Teilnahme kann sein: (begrifflich) notwendig, z. B. beim Bandendiebstahl, beim Zweikampf, — zufällig, wenn mehrere Personen in bewußtem und gewolltem Zusammenwirken handeln.

II. Mittäter sind mehrere Personen, welche gemeinschaftlich eine vorsätzliche strafbare Handlung ausführen; jeder wird als Täter bestraft. — Bei Fahrlässigkeitsdelikten gibt es Mittäter nicht.

1. Der intellektuelle Urheber will die Tat, lässt sie aber durch einen anderen (nichts ahnenden) ausführen, z. B. intellektuelle Urkundenfälschung; — 2. der mittelbare Täter handelt durch einen Strafunfähigen; dagegen

ist Selbsttäter, wer durch ein (abgerichtetes) Tier handelt; — 3. der Nebentäter handelt zugleich (aber unbewusst und ungewollt) mit einem anderen; — 4. der Rädelsführer leitet die anderen Mittäter.

III. Liegen Straferhöhungsgründe oder Strafmilderungsgründe bezüglich eines Teilnehmers vor, so werden sie den anderen, bei denen sie nicht vorliegen, nicht zugerechnet, z. B. zwei Jungen bestehlen den Vater des einen von ihnen (Familiendiebstahl — gemeiner Diebstahl), S 50.

§ 29. **Anstiftung** liegt vor, wenn jemand einen anderen zu der von ihm begangenen strafbaren Handlung durch Geschenke oder Versprechen, durch Drohung, durch Mißbrauch des Ansehens oder der Gewalt, durch absichtliche Herbeiführung oder Beförderung eines Irrtums oder durch andere Mittel vorsätzlich bestimmt hat, S 48.

Hat der Angestiftete die Tat nicht verübt, so kann der Anstifter nicht bestraft werden. — Keine fahrlässige Anstiftung. — Keine Anstiftung zum Versuch, RG **15** 315. — Keine versuchte Anstiftung, RGRspr **6** 414. — Die Strafverfolgung verjährt zugleich mit der der Haupttat, RGRspr **3** 837. — Keine Anstiftung zu einem fahrlässigen Delikte, RG **23** 175.

Der Verbrechensanreiz, S 49a, umfaßt gewisse vorbereitende Handlungen (Duchesne-Paragraph).

Strafbar macht sich: 1. wer einen anderen zur Begehung eines Verbrechens oder zur Teilnahme an einem Verbrechen auffordert; — 2. wer eine solche Aufforderung annimmt; — 3. wer sich zur Begehung eines Verbrechens oder zur Teilnahme an einem Verbrechen erbietet; — 4. wer ein solches Erbieten annimmt.

Jedoch gehört zur Vollendung des Tatbestandes, dass das nur mündlich ausgedrückte Auffordern oder Erbieten sowie die Annahme eines solchen an die Gewährung von Vorteilen geknüpft ist.

§ 30. **Beihilfe** begeht, wer dem Täter zur Begehung des Verbrechens oder Vergehens (nicht: Übertretung) durch Rat oder Tat wissentlich Hilfe geleistet hat, S 49. Der Gehilfe wird nach den Regeln des Versuches bestraft.

Die objektive Theorie verlangt, dass der Mittäter eine Ausführungshandlung selbst ausführe, der Gehilfe dagegen nur Hilfsleistungen vornehme, so dass nach ihr die Verwirklichung des im Gesetze mit Strafe bedrohten Tatbestandes ausschliesslich durch Mittäter erfolgt, so von Liszt Frank, Finger.

Die subjektive Theorie nimmt als Mittäter denjenigen an, der den animus auctoris hat, d. h. die Tat als die seine will; dagegen sieht sie als Gehilfen denjenigen an, der nur den animus socii hat; so RGSt **26** 345, **37** 92; Beling, Kohler.

Fahrlässige Beihilfe ist nicht strafbar.

Die Begünstigung und die Hehlerei ist in den besonderen Teilen des S gestellt (w. u. Seite 30), weil die strafbare Handlung als solche bereits abgeschlossen ist und eine unmittelbare Beziehung zu dieser abgeschlossenen Handlung dann nicht mehr vorliegt.

5. Kapitel.

Die Strafaufhebungsgründe.

§ 31. Negative Voraussetzungen der Bestrafung sind solche, deren Vorhandensein den (bereits entstandenen) staatlichen Strafanspruch nachträglich beseitigen (Straftilgungs- oder Strafaufhebungsgründe).

1. Allgemeine Strafaufhebungsgründe sind solche, die bei allen strafbaren Handlungen vorkommen können, z. B. Tod, Begnadigung, Verjährung.

2. Besondere Strafaufhebungsgründe sind solche Tatbestände, die nur bei bestimmten strafbaren Handlungen im Gesetze zugelassen sind, z. B. die tätige Reue bei fahrlässigem Falscheid, Zweikampf und Brandstiftung.

Der Tod hebt die Möglichkeit der Verfolgung oder Vollstreckung auf. Über Vollstreckung einer Geldstrafe in einen Nachlass siehe w. o. Seite 9. Dagegen kann eine Geldstrafe nicht zur Konkursmasse angemeldet werden.

Eine erlittene Untersuchungshaft kann bei Fällung des Urteiles auf die erkannte Strafe ganz oder teilweise angerechnet werden. Sie gilt als Verbüssung der Strafe. Dagegen ist mit dem Augenblick, wo der Angeklagte auf Rechtsmittel verzichtet, die Untersuchungshaft bereits als Beginn der Strafverbüssung anzusehen.

§ 32. Begnadigung ist Erlaß oder Milderung der rechtskräftig erkannten Strafe durch Staatsakt, welcher dem Herrscher vorbehalten ist. Ein Verzicht auf ihre Rechtswirkungen ist unzulässig; sie trifft den Strafvollzug, nicht — wie die Aboliton — die Strafverfolgung. Wird generell die Vollstreckung erkannter Strafen, z. B. für Preßdelikte, politische Vergehen, Übertretungen, niedergeschlagen, so liegt Amnestie vor.

Bedingte Begnadigung: In Preussen ist der Justizminister durch Erlass vom 23. Oktober 1895 ermächtigt, solchen zu Freiheitsstrafen verurteilten Personen Strafaufschub zu gewähren, hinsichtlich deren bei längerer guter Führung eine Begnadigung in Aussicht genommen ist; insbesondere soll dies bei erstmalig verurteilten Jugendlichen, gegen die auf Freiheitsstrafe von nicht mehr als 6 Monaten erkannt ist, geschehen. Vgl. Runderlass des pr. Justizministers vom 19. November 1895.

§ 33. Die Strafverfolgungsverjährung.

I. Die Verjährung der Strafverfolgung ist je nach der Art der strafbaren Handlung verschieden geordnet.

II. Die Verjährung beginnt mit dem Tage, an welchem die Handlung begangen ist, ohne Rücksicht auf den Zeitpunkt des eingetretenen Erfolges. Jede Handlung des Richters, welche wegen der begangenen Tat gegen den Täter gerichtet ist, unterbricht die Verjährung rücksichtlich desjenigen, auf welchen die richterliche Handlung sich bezieht. Nach der Unterbrechung beginnt eine neue Verjährung.

1. Die Strafverfolgung von Verbrechen verjährt, wenn sie mit dem Tode oder mit lebenslänglichem Zuchthaus bedroht sind, in 20 Jahren; wenn sie im Höchstbetrage mit einer Freiheitsstrafe von einer längeren

als 10jährigen Dauer bedroht sind, in 15 Jahren; wenn sie mit einer geringeren Freiheitsstrafe bedroht sind, in 10 Jahren. Die Strafverfolgung von Vergehen, die im Höchstbetrage mit einer längeren als 3monatlichen Gefängnisstrafe bedroht sind, verjährt in 5 Jahren, von anderen Vergehen in 3 Jahren. -- Die Strafverfolgung von Übertretungen verjährt in 3 Monaten.

2. Die Verjährung ruht während der Zeit, in welcher auf Grund gesetzlicher Vorschrift die Strafverfolgung nicht begonnen oder nicht fortgesetzt werden kann. Ist der Beginn oder die Fortsetzung eines Strafverfahrens von einer Vorfrage abhängig, deren Entscheidung in einem anderen Verfahren erfolgen muss, so ruht die Verjährung bis zu dessen Beendigung. — Ist zur Strafverfolgung ein Antrag oder eine Ermächtigung erforderlich, so wird der Lauf der Verjährung durch den Mangel des Antrages oder der Ermächtigung nicht gehindert.

§ 34. **Die Strafvollstreckungsverjährung** einer rechtskräftig erkannten Strafe beginnt mit dem Tage der Rechtskraft des Urteils.

1. Wenn auf Tod oder auf lebenslängliches Zuchthaus oder auf lebenslängliche Festungshaft erkannt ist, so verjährt die Vollstreckung in 30 Jahren; — wenn auf Zuchthaus oder Festungshaft von mehr als 10 Jahren erkannt ist, in 20 Jahren; — wenn auf Zuchthaus bis zu 10 Jahren oder auf Festungshaft von 5 bis zu 10 Jahren oder Gefängnis von mehr als 5 Jahren erkannt ist, in 15 Jahren; — wenn auf Festungshaft oder Gefängnis von 2 bis zu 5 Jahren oder auf Geldstrafe von mehr als 6000 Mark erkannt ist, in 10 Jahren; — wenn auf Festungshaft oder Gefängnis bis zu 2 Jahren oder auf Geldstrafe von mehr als 150 bis zu 6000 Mark erkannt ist, in 5 Jahren; — wenn auf Haft oder auf Geldstrafe bis zu 150 Mark erkannt ist, in 2 Jahren.

2. Die Vollstreckung einer wegen derselben Handlung neben einer Freiheitsstrafe erkannten Geldstrafe verjährt nicht früher als die Vollstreckung der Freiheitsstrafe.

Jede auf Vollstreckung der Strafe gerichtete Handlung derjenigen Behörde, welcher die Vollstreckung obliegt, sowie die zum Zwecke der Vollstreckung erfolgende Festnahme des Verurteilten unterbricht die Verjährung. Nach der Unterbrechung der Vollstreckung der Strafe beginnt eine neue Verjährung.

6. Kapitel.

Das Zusammentreffen mehrerer Verbrechen.

§ 35. **Idealkonkurrenz** ist die Verletzung mehrerer (derselben oder verschiedener) Strafgesetze durch denselben Täter in einer einzigen Handlung.

Die Bestrafung erfolgt nach dem Absorptionsprinzip: poena maior absorbet minorem; es wird nur einmal gestraft, aber dasjenige Strafgesetz angewendet, welches die schwerste Strafe oder Strafart enthält.

Gesetzeskonkurrenz ist der Fall, daß eine strafbare Handlung unter mehrere Tatbestände fällt, von denen der eine generell, der andere speziell ist, z. B. Majestätsbeleidigung im Verhältnisse zu Beleidigung.

§ 36. **Realkonkurrenz** liegt vor, wenn derselbe Täter nacheinander mehrere strafbare Handlungen begeht.

1. Ist Todesstrafe, lebenslängliche Freiheitsstrafe, Geldstrafe oder Haft

angedroht, so wird kumuliert, d. h. es werden die Strafen zusammen (addiert oder nebeneinander) erkannt.

2. Bei den zeitigen Freiheitsstrafen (mit Ausnahme der Haft) wird nach dem Exaspirationsprinzipe eine Gesamtstrafe berechnet: die verwirkte schwerste Strafe wird als Einsatzstrafe genommen. Diese Einsatzstrafe wird um die anderen verwirkten Strafen erhöht, darf jedoch nicht die Summe aller Einzelstrafen erreichen.

§ 37. Die Einheit der Handlung ist durch die Einheitlichkeit des verbrecherischen Entschlusses bestimmt.

1. Dauerverbrechen ist ein Delikt, bei welchem der verbrecherische Wille fortdauert, z. B. Verhungerlassen eines Kindes.

2. Zustandsverbrechen ist ein Delikt, bei welchem der verbrecherische Wille nur im Augenblicke der Tat gegeben sein muß, der dadurch erzeugte verbrecherische Zustand aber weiterbestehen kann, z. B. Eingehen einer Doppelehe.

3. Beim fortgesetzten Verbrechen bedarf es wiederholt eines erneuten Anstoßes des verbrecherischen Willens, z. B. Zigarrendiebstahl eines Dieners.

4. Kollektivdelikte sind Delikte, deren Mehrheit als Einheit bestraft wird.

Hierzu gehören: a) das gewerbsmässige (d. h. eine Erwerbsquelle bietende) Delikt; — b) das geschäftsmässige (d. h. eine Beschäftigung, nicht notwendig eine Einnahmequelle gewährende) Delikt; — c) das gewohnheitsmässige (d. h. auf einem eingewurzelten Hang zu weiterer Begehung beruhende) Delikt.

5. Rückfalldelikte: Diebstahl S 244, 245; Raub S 250 Nr. 5; Hehlerei S 261; Betrug S 264.

2. Abteilung.

Besonderer Teil.

§ 38. Die politischen Delikte gegen den Staat. I. Der Hochverrat richtet sich gegen den inneren Bestand des Reiches oder eines Einzelstaates, z. B. Mord und Mordversuch, verübt am Kaiser, am eigenen Landesherrn oder am Landesherrn des Aufenthaltsstaates (Todesstrafe); Unternehmen des Verfassungsumsturzes, des Gebietsraubes.

II. Der Landesverrat richtet sich gegen die äußere Sicherheit des Reiches.

1. Der militärische Landesverrat kann nur von einem Deutschen verübt werden, z. B. Kriegshilfe dem Auslande, Verrat von Festungen, Plänen usw.

Gegen Ausländer ist wegen militärischen Landesverrates nach dem Kriegsgebrauche zu verfahren; in Friedenszeiten werden sie auf Grund des Friedensspionagegesetzes von 1893 bestraft.

2. Diplomatischen Landesverrat verübt, wer vorsätzlich gewisse Staatsgeheimnisse verrät usw.

III. Majestätsbeleidigung ist ein Verbrechen, wenn sie tätlich, ein Vergehen, wenn sie als Beleidigung wörtlich oder symbolisch verübt wird.

Durch das Gesetz, betreffend die Bestrafung der Majestätsbeleidigung, vom 17. Februar 1908 ist für die Verfolgung und Bestrafung der Majestätsbeleidigung gemäss S 95, 97, 99, 101 eine Einschränkung angeordnet worden. 1. Die Beleidigung ist nur dann auf Grund von S 95, 97, 99, 101 strafbar, wenn sie in der Absicht der Ehrverletzung, böswillig und mit Überlegung begangen wird. — 2. Sind mildernde Umstände vorhanden, so kann die Gefängnisstrafe oder die Festungshaft bis auf eine Woche ermässigt werden. — 3. Die Verfolgung verjährt in 6 Monaten. — 4. Ist die Strafbarkeit gemäss Nr. 1 ausgeschlossen, so finden die Vorschriften über die Antragsbeleidigung Anwendung.

Bei Beleidigung von Bundesfürsten wird die Verfolgung nur mit Ermächtigung des Beleidigten eingeleitet.

IV. Feindliche Handlungen gegen befreundete Staaten, S 102—104.

V. Verbrechen und Vergehen in Beziehung auf die Ausübung staatsbürgerlicher Rechte:

1. Sprengung gesetzgebender Körperschaften usw.

2. Wahlverhinderung, d. h. wenn jemand einen Deutschen durch Gewalt oder durch Bedrohung mit einer strafbaren Handlung verhindert in Ausübung seiner staatsbürgerlichen Rechte zu wählen oder zu stimmen, S 107.

3. Wahlfälschung, d. h. wenn jemand, in einer öffentlichen Angelegenheit mit der Sammlung von Wahl- und Stimmzetteln oder -zeichen oder mit der Führung der Beurkundungsverhandlung beauftragt, ein unrichtiges Ergebnis der Wahlhandlung vorsätzlich herbeiführt oder das Ergebnis verfälscht, S 108.

4. Stimmenkauf, d. h. wenn jemand in einer öffentlichen Angelegenheit eine Wahlstimme kauft oder verkauft, S 109.

§ 39. Die unpolitischen Delikte gegen den Staat und die öffentliche Ordnung. — I. Widerstand gegen die Staatsgewalt begeht, wer öffentlich zum Ungehorsam gegen Gesetze auffordert; — wer einem Beamten, welcher zur Vollstreckung von Gesetzen, von Befehlen und Anordnungen der Verwaltungsbehörden oder von Urteilen und Verfügungen der Gerichte berufen ist, in der rechtmäßigen Ausübung seines Amtes durch Gewalt oder durch Bedrohung mit Gewalt Widerstand leistet oder einen solchen Beamten während der rechtmäßigen Ausübung seines Amtes tätlich angreift, S 113.

II. Aufruhr ist die Teilnahme an einer öffentlichen Zusammenrottung, bei welcher Widerstand gegen die Staatsgewalt von mehreren mit vereinten Kräften begangen wird, S 115.

III. Wird eine auf öffentlichen Wegen, Straßen oder Plätzen versammelte Menschenmenge von dem zuständigen Beamten oder Befehlshaber der bewaffneten Macht aufgefordert, sich zu entfernen, so wird jeder der Versammelten, welcher nach der dritten Aufforderung sich nicht entfernt, wegen Auflaufes bestraft, S 116.

IV. Gefangenenbefreiung, — Entweichenlassen von Gefangenen, — Meuterei.

V. Hausfriedensbruch liegt vor, wenn jemand in die Wohnung, in die Geschäftsräume oder in das befriedete Besitztum eines anderen oder in abgeschlossene Räume, welche zum öffentlichen Dienste bestimmt sind, widerrechtlich eindringt (aktiv) oder, wenn er ohne Befugnis darin verweilt, auf die Aufforderung des Berechtigten sich nicht entfernt (passiv).

Die Verfolgung tritt nur auf Antrag ein, S 123.

Ist die Handlung von einer mit Waffen versehenen Person oder von mehreren gemeinschaftlich begangen worden, so liegt qualifizierter Hausfriedensbruch vor, der als Offizialdelikt verfolgt wird.

VI. Landfriedensbruch liegt vor, wenn sich eine Menschenmenge öffentlich zusammenrottet und mit vereinten Kräften gegen Personen oder Sachen Gewalttätigkeiten begeht, S 125.

Landzwang begeht, wer durch Androhung eines gemeingefährlichen Verbrechens den öffentlichen Frieden stört, S 126.

Wer unbefugterweise einen bewaffneten Haufen bildet oder befehligt oder eine Mannschaft, von der er weiss, dass sie ohne gesetzliche Befugnis gesammelt ist, mit Waffen oder Kriegsbedürfnissen versieht, wird bestraft, S 127.

Geheimbündelei ist die Teilnahme an einer Verbindung, deren Dasein, Verfassung oder Zweck vor der Staatsregierung geheimgehalten werden soll, oder in welcher gegen unbekannte Obere Gehorsam oder gegen bekannte Obere unbedingter Gehorsam versprochen wird, S 128.

Aufreizung zum Klassenhass verübt: a) wer in einer den öffentlichen Frieden gefährdenden Weise verschiedene Klassen der Bevölkerung zu Gewalttätigkeiten gegeneinander öffentlich aufreizt, S 130; — b) ein Geistlicher oder anderer Religionsdiener, welcher in Ausübung oder in Veranlassung der Ausübung seines Berufes öffentlich vor einer Menschenmenge oder welcher in einer Kirche oder an einem anderen zu religiösen Versammlungen bestimmten Orte vor mehreren die Angelegenheiten des Staates in einer den öffentlichen Frieden gefährdenden Weise zum Gegenstande einer Verkündigung oder Erörterung macht, S 130a (Kanzelparagraph).

Amtsanmassung liegt vor, wenn jemand unbefugt sich mit Ausübung eines öffentlichen Amtes befasst oder eine Handlung vornimmt, welche nur kraft eines öffentlichen Amtes vorgenommen werden darf, S 132.

Siegelbruch begeht, wer unbefugt ein amtliches Siegel, welches von einer Behörde oder einem Beamten angelegt ist, um Sachen zu verschliessen, zu bezeichnen oder in Beschlag zu nehmen, vorsätzlich erbricht, ablöst oder beschädigt oder den durch solches Siegel bewirkten amtlichen Verschluss aufhebt, S 136.

Arrestbruch begeht, wer Sachen, welche durch die zuständigen Behörden oder Beamten gepfändet oder in Beschlag genommen worden sind, vorsätzlich beiseiteschafft, zerstört oder in anderer Weise der Verstrickung ganz oder teilweise entzieht, S 137.

§ 40. Die Münzdelikte können sein: Münzverbrechen, Münzvergehen, Münzübertretungen; S 146—152, 360 Nr. 4—6.

I. Münzverbrechen sind: 1. Falschmünzerei: wenn jemand inländisches oder ausländisches Metallgeld oder Papiergeld nachmacht, um das nachgemachte Geld als echtes zu gebrauchen oder sonst in Verkehr zu bringen; — 2. Münzverfälschung: wenn jemand in gleicher Absicht echtem Gelde durch Veränderung daran den Schein eines höheren Wertes oder verrufenem Gelde durch Veränderung daran das Ansehen eines noch geltenden gibt; — 3. Münzbetrug: wenn jemand das von ihm auch ohne die vorbezeichnete Absicht nachgemachte oder verfälschte Geld als echtes in Verkehr bringt, oder wenn jemand nachgemachtes oder verfälschtes Geld sich verschafft und solches entweder in Verkehr bringt oder zum Zwecke der Verbreitung aus dem Auslande einführt.

II. Münzvergehen sind: 1. Münzabschiebung: wenn jemand nachgemachtes oder verfälschtes Geld als echtes empfängt und nach erkannter Unechtheit als echtes in Verkehr bringt; — 2. Kippen und Wippen: wenn jemand echte, zum Umlaufe bestimmte Metallgeldstücke durch Beschneiden, Abfeilen oder auf andere Art verringert und als vollgültig in Verkehr bringt, oder solche verringerte Münzen gewohnheitsmässig oder im Einverständnisse mit dem, welcher sie verringert hat, als vollgültig in Verkehr bringt; — 3. Vorbereitungshandlungen zum Münzverbrechen.

III. Münzübertretungen sind: 1. die Anfertigung von Formen zum Prägen ohne Auftrag einer Behörde; — 2. das Unternehmen von Abdrucken von solchen Formen; — 3. die Anfertigung oder Verbreitung von Drucksachen oder Abbildungen, welche dem Papiergelde ähnlich sind (Blütenparagraph).

§ 41. Die Eidesdelikte. I. Der wissentlich falsche Eid (Meineid) ist ein Verbrechen. Wesentlich ist hierbei, daß es sich um etwas objektiv Unrichtiges und zugleich subjektiv Falsches handelt. Einen Meineid leistet:

1. wer einen ihm zugeschobenen, zurückgeschobenen oder auferlegten Eid wissentlich falsch schwört, S 153;

2. wer vor einer zur Abnahme von Eiden zuständigen Behörde wissentlich ein falsches Zeugnis oder ein falsches Gutachten mit einem Eide bekräftigt oder den vor seiner Vernehmung geleisteten Eid wissentlich durch ein falsches Zeugnis oder ein falsches Gutachten verletzt, S 154.

Strafermäßigung: S 157; — fahrlässiger Falscheid S 163; — falsche eidesstattliche Versicherung S 156.

II. Als Vorbereitungshandlung ist selbständig strafbar:

1. wenn jemand es unternimmt, einen anderen zur Begehung eines Meineides zu verleiten (der Meineid wird nicht geleistet), S 159;

2. wenn jemand einen anderen zur Ableistung eines falschen Eides verleitet (der Falscheid ist geleistet), S 160.

§ 42. Die falsche Anschuldigung liegt vor, wenn jemand bei einer Behörde eine Anzeige macht, durch welche er einen anderen wider besseres Wissen der Begehung einer strafbaren Handlung oder der Verletzung einer Amtspflicht beschuldigt, S 164.

§ 43. Die Religionsdelikte umfassen folgende Tatbestände, S 166:

1. wenn jemand dadurch, daß er öffentlich in beschimpfenden Äußerungen Gott lästert, ein Ärgernis gibt;

2. wenn jemand öffentlich eine der christlichen Kirchen oder eine andere mit Korporationsrechten innerhalb des Bundesgebietes bestehende Religionsgesellschaft oder ihre Einrichtungen oder Gebräuche beschimpft;

3. wenn jemand in einer Kirche oder in einem anderen zu religiösen Versammlungen bestimmten Orte beschimpfenden Unfug verübt.

§ 44. Die Delikte gegen den Personenstand: Kindesunterschiebung; Ehebetrug, S 169, 170.

§ 45. Die Sittlichkeitsdelikte. I. Doppelehe (Bigamie) begeht ein Ehegatte, welcher eine neue Ehe eingeht, bevor seine Ehe aufgelöst oder für nichtig erklärt worden ist, sowie eine unverheiratete Person, welche mit einem Ehegatten, wissend, daß er verheiratet ist, eine Ehe eingeht, S 171.

Die Verjährung der Strafverfolgung beginnt mit dem Tage, an welchem eine der beiden Ehen aufgelöst oder für nichtig erklärt worden ist.

II. Der Ehebruch (d. h. die natürliche geschlechtliche Vereinigung eines verheirateten Menschen mit einem anderen Menschen) wird, wenn dessentwegen die Ehe geschieden ist, an dem schuldigen Ehegatten sowie dessen Mitschuldigen mit Gefängnis bis zu sechs Monaten bestraft (Antragsdelikt), S 172.

III. Blutschande ist der Beischlaf zwischen Verwandten oder Verschwägerten auf- und absteigender Linie oder zwischen Geschwistern, S 173

Der Inzest wird bei Verwandten aufsteigender Linie als Verbrechen, an solchen absteigender Linie als Vergehen bestraft. — Verwandte und Verschwägerte absteigender Linie bleiben straflos, wenn sie das achtzehnte Lebensjahr nicht vollendet haben.

Die widernatürliche Unzucht, welche zwischen Personen männlichen Geschlechts oder von Menschen mit Tieren begangen wird, ist mit Gefängnis zu bestrafen; auch kann auf Verlust der bürgerlichen Ehrenrechte erkannt werden, S 175.

Mit Zuchthaus bis zu zehn Jahren wird bestraft, wer: a) mit Gewalt unzüchtige Handlungen an einer Frauensperson vornimmt oder dieselbe durch Drohung mit gegenwärtiger Gefahr für Leib oder Leben zur Duldung unzüchtiger Handlungen nötigt; — b) eine in einem willenlosen oder bewusstlosen Zustande befindliche oder eine geisteskranke Frauensperson zum ausserehelichen Beischlafe missbraucht; — c) mit Personen unter vierzehn Jahren unzüchtige Handlungen vornimmt oder dieselben zur Verübung oder Duldung unzüchtiger Handlungen verleitet, S 176.

Wegen Notzucht wird mit Zuchthaus bestraft, wer durch Gewalt oder durch Drohung mit gegenwärtiger Gefahr für Leib oder Leben eine Frauensperson zur Duldung des ausserehelichen Beischlafes nötigt, oder wer eine Frauensperson zum ausserehelichen Beischlafe missbraucht, nachdem er sie zu diesem Zwecke in einen willenlosen oder bewusstlosen Zustand versetzt hat, S 177.

Erschleichung des Beischlafes liegt vor, wenn jemand eine Frauensperson zur Gestattung des Beischlafes dadurch verleitet, dass er eine Trauung vorspiegelt oder einen anderen Irrtum in ihr erregt oder benutzt, in welchem sie den Beischlaf für einen ehelichen hielt, S 179.

Kuppelei begeht, wer gewohnheitsmässig oder aus Eigennutz durch seine Vermittelung oder durch Gewährung oder Verschaffung von Gelegenheit der Unzucht Vorschub leistet, S 180; — schwere Kuppelei, S 181; — Zuhälter, S 181a; — Verführung eines unbescholtenen Mädchens (unter 16 Jahren), S 182.

§ 46. Beleidigung. I. Beleidigung (im eigentlichen Sinne) ist widerrechtliche Kundgebung der Mißachtung einer fremden Persönlichkeit, S 185.

Die Beleidigung kann in verschiedener Weise verübt werden: wörtlich, symbolisch, tätlich. — Strafe: Geldstrafe bis 600 Mk. oder Haft oder Gefängnis bis zu einem Jahre; bei tätlicher Beleidigung: Geldstrafe bis 1500 Mk. oder Gefängnis bis zu zwei Jahren.

Die Beleidigung ist auch ohne animus iniuriandi strafbar, wenn bereits aus der Form eine Beleidigung zu entnehmen ist, S 192. — Die Beleidigung ist ein Werturteil; dadurch unterscheidet sie sich von übler Nachrede und Verleumdung, welche beide die Behauptung einer Tatsache enthalten; bei diesen beiden besteht auch ein Anspruch auf Busse.

II. Üble Nachrede begeht, wer in Beziehung auf einen anderen eine Tatsache behauptet oder verbreitet, welche denselben verächtlich zu machen oder in der öffentlichen Meinung herabzuwürdigen geeignet ist, S 186. Die Bestrafung tritt dann nicht ein, wenn diese Tatsache erweislich wahr ist.

III. Verleumderische Beleidigung begeht, wer wider besseres Wissen in Beziehung auf einen anderen eine unwahre Tatsache behauptet oder verbreitet, welche denselben verächtlich zu machen oder in der öffentlichen Meinung herabzuwürdigen oder dessen Kredit zu gefährden geeignet ist, B 187. Strafe: Gefängnis bis zu zwei Jahren.

IV. Wer das Andenken eines Verstorbenen dadurch beschimpft, dass er wider besseres Wissen eine unwahre Tatsache behauptet oder verbreitet, welche denselben bei seinen Lebzeiten verächtlich zu machen oder in der öffentlichen Meinung herabzuwürdigen geeignet gewesen wäre (diffamatio mortui), wird mit Gefängnis bis zu sechs Monaten bestraft, S 189. Die Verfolgung tritt nur auf Antrag der Eltern, der Kinder oder des Ehegatten des Verstorbenen ein.

V. Ist die behauptete oder verbreitete Tatsache eine strafbare Handlung, so ist der Beweis der Wahrheit als erbracht anzusehen, wenn der Beleidigte wegen dieser Handlung rechtskräftig verurteilt worden ist; der Beweis der Wahrheit ist dagegen ausgeschlossen, wenn der Beleidigte wegen dieser Handlung vor der Behauptung oder Verbreitung rechtskräftig freigesprochen worden ist, S 190.

Tadelnde Urteile über wissenschaftliche, künstlerische oder gewerbliche Leistungen, ingleichen Aeusserungen, welche zur Ausführung oder Verteidigung von Rechten oder zur Wahrnehmung berechtigter Interessen gemacht werden, sowie Vorhaltungen und Rügen der Vorgesetzten gegen ihre Untergebenen, dienstliche Anzeigen oder Urteile von seiten eines Beamten und ähnliche Fälle sind nur insofern strafbar, als das Vorhandensein einer Beleidigung aus der Form der Aeusserung oder aus den Umständen, unter welchen sie geschah, hervorgeht, S 193.

VI. Die Verfolgung einer B. tritt nur auf Antrag ein. Die Zurücknahme des Antrages ist zulässig, S 194. Das unterscheidet die B. von der Körperverletzung: bei letzterer kann der Antrag nicht zurückgenommen werden.

Ist eine Ehefrau beleidigt worden, so hat sowohl sie als ihr Ehemann das Recht, auf Bestrafung anzutragen, S 195. — Wenn die B. gegen eine Behörde, einen Beamten, einen Religionsdiener oder ein Mitglied der bewaffneten Macht, während sie in der Ausübung ihres Berufes begriffen sind, oder in Beziehung auf ihren Beruf begangen ist, so haben ausser den unmittelbar Beteiligten auch deren amtliche Vorgesetzte das Recht, den Strafantrag zu stellen, S 196. — Eines Antrages bedarf es nicht, wenn die B. gegen eine gesetzgebende Versammlung des Reiches oder eines Einzelstaates oder gegen eine andere politische Körperschaft begangen worden ist. Sie darf jedoch nur mit Ermächtigung der beleidigten Körperschaft verfolgt werden, S 197.

VII. Ist bei wechselseitigen B. von einem Teile auf Bestrafung angetragen worden, so ist der andere Teil bei Verlust seines Rechtes verpflichtet, den Antrag auf Bestrafung spätestens vor Schluss der Verhandlung in erster Instanz zu stellen, hierzu aber auch dann berechtigt, wenn zu jenem Zeitpunkte die dreimonatliche Frist bereits abgelaufen ist, S 198. — Wenn eine Beleidigung auf der Stelle erwidert wird, so kann der Richter beide Beleidiger oder einen derselben für straffrei erklären (Kompensation), S 199.

VIII. Publikationsbefugnis. Wird wegen einer öffentlich oder durch Verbreitung von Schriften, Darstellungen oder Abbildungen begangenen B. auf Strafe erkannt, so ist zugleich dem Beleidigten die Befugnis zuzusprechen, die Verurteilung auf Kosten des Schuldigen öffentlich bekanntzumachen, S 200, Abs. 1.

Erfolgte die B. in einer Zeitung oder Zeitschrift, so ist der verfügende Teil des Urteils auf Antrag des Beleidigten durch die öffentlichen Blätter bekanntzumachen, und zwar, wenn möglich, durch dieselbe Zeitung oder Zeitschrift und in demselben Teile und mit derselben Schrift, wie der Abdruck der Beleidigung geschehen ist, S 200, Abs. 2.

§ 47. Der Zweikampf. I. Die Herausforderung zum Zweikampf mit tödlichen Waffen sowie die Annahme einer solchen Herausforderung ist selbständig strafbar, S 201.

Diejenigen, welche den Auftrag zu einer Herausforderung übernehmen oder ausrichten (Kartellträger), werden ebenfalls bestraft, S 203.

Die Strafe der Herausforderung und der Annahme sowie die Strafe der Kartellträger fällt weg, wenn die Parteien den Zweikampf vor dessen Beginn freiwillig aufgegeben haben, S 204.

II. Der Zweikampf wird mit Festungshaft von drei Monaten bis zu fünf Jahren bestraft, S 205.

§ 48. Die Delikte wider das Leben. I. Mord: wer vorsätzlich einen Menschen tötet, wird, wenn er die Tötung mit Überlegung ausgeführt hat, wegen Mordes mit dem Tode bestraft, S 211.

II. Totschlag: wer vorsätzlich einen Menschen tötet, wird, wenn er die Tötung nicht mit Überlegung ausgeführt hat, wegen Totschlages mit Zuchthaus nicht unter fünf Jahren bestraft, S 212.

1. Provokationstotschlag liegt vor, wenn der Totschläger ohne eigene Schuld durch eine ihm oder einem Angehörigen zugefügte Misshandlung oder schwere Beleidigung von dem Getöteten zum Zorne gereizt und hierdurch auf der Stelle zur Tat hingerissen worden war oder andere mildernde Umstände vorhanden sind, S 213.

2. Aszendententotschlag ist der Totschlag an einem Verwandten aufsteigender Linie, S 215.

3. Ist jemand durch das ausdrückliche und ernstliche Verlangen des Getöteten zur Tötung bestimmt worden, so ist auf Gefängnis nicht unter drei Jahren zu erkennen, S 216.

4. Kindstötung liegt vor, wenn eine Mutter ihr uneheliches Kind in oder gleich nach der Geburt vorsätzlich tötet, S 217.

III. Wegen Abtreibung wird bestraft: a) eine Schwangere, welche ihre Frucht vorsätzlich abtreibt oder im Mutterleibe tötet; — b) wer mit Einwilligung der Schwangeren die Mittel zu der Abtreibung oder Tötung bei ihr angewendet oder ihr beigebracht hat; — c) wer einer Schwangeren, welche ihre Frucht abgetrieben oder getötet hat, gegen

Entgelt die Mittel hierzu verschafft, bei ihr angewendet oder ihr beigebracht hat (Lohnabtreibung); — d) wer die Leibesfrucht einer Schwangeren ohne deren Wissen oder Willen vorsätzlich abtreibt oder tötet.

IV. Aussetzung begeht, wer eine wegen jugendlichen Alters, Gebrechlichkeit oder Krankheit hilflose Person aussetzt, oder wer eine solche Person, wenn sie unter seiner Obhut steht, oder wenn er für die Unterbringung, Fortschaffung oder Aufnahme derselben zu sorgen hat, in hilfloser Lage vorsätzlich verläßt, S 221.

V. Wer durch Fahrlässigkeit den Tod eines Menschen verursacht, wird mit Gefängnis bis zu drei Jahren bestraft, S 222.

Wenn der Täter zu der Aufmerksamkeit, welche er aus den Augen setzte, vermöge seines Amtes, Berufes oder Gewerbes besonders verpflichtet war, so kann die Strafe bis auf fünf Jahre Gefängnis erhöht werden.

§ 49. **Körperverletzung** begeht, wer vorsätzlich einen anderen körperlich mißhandelt oder an der Gesundheit beschädigt, S 223 (Antragsdelikt und Anspruch auf Buße).

1. Gefährliche Körperverletzung liegt vor, wenn die Körperverletzung mittelst einer Waffe, insbesondere eines Messers oder eines anderen gefährlichen Werkzeuges, oder mittelst eines hinterlistigen Ueberfalles, oder von mehreren gemeinschaftlich, oder mittelst einer das Leben gefährdenden Behandlung begangen ist, S 223a.

2. Schwere Körperverletzung liegt vor, wenn die Körperverletzung zur Folge hat, dass der Verletzte ein wichtiges Glied des Körpers, das Sehvermögen auf einem oder beiden Augen, das Gehör, die Sprache oder die Zeugungsfähigkeit verliert, oder in erheblicher Weise dauernd entstellt wird, oder in Siechtum, Lähmung oder Geisteskrankheit verfällt, S 224.

3. Raufhandel liegt vor, wenn durch eine Schlägerei oder durch einen von mehreren gemachten Angriff der Tod eines Menschen oder eine schwere Körperverletzung verursacht worden ist. — Jeder, welcher sich an der Schlägerei oder dem Angriffe beteiligt hat, ist schon wegen dieser Beteiligung zu bestrafen, falls er nicht ohne sein Verschulden hineingezogen worden ist, S 227.

4. Giftbeibringung liegt vor, wenn jemand vorsätzlich einem anderen, um dessen Gesundheit zu beschädigen, Gift oder andere Stoffe beibringt, welche die Gesundheit zu zerstören geeignet sind, S 229.

5. Wer durch Fahrlässigkeit die Körperverletzung eines anderen verursacht, wird mit Geldstrafe bis zu neunhundert Mark oder mit Gefängnis bis zu zwei Jahren bestraft (Antragsdelikt). War der Täter zu der Aufmerksamkeit, welche er aus den Augen setzte, vermöge seines Amtes, Berufes oder Gewerbes besonders verpflichtet, so kann die Strafe auf drei Jahre Gefängnis erhöht werden, S 230.

§ 50. **Die Freiheitsdelikte.** I. Menschenraub, S 234. — II. Entführung, S 235. — III. Freiheitsberaubung, S 239.

IV. Nötigung begeht, wer einen anderen widerrechtlich durch Gewalt oder durch Bedrohung mit einem Verbrechen oder Vergehen zu einer Handlung, Duldung oder Unterlassung nötigt, S 240.

V. Bedrohung begeht, wer einen anderen mit der Begehung eines Verbrechens bedroht, S 241.

§ 51. Diebstahl begeht, wer eine fremde bewegliche Sache einem anderen in der Absicht wegnimmt, dieselbe sich rechtswidrig zuzueignen, S 242.

Der Diebstahl ist mit dem Gewahrsamsbruch vollendet; es gilt die Apprehensionstheorie. Andere Theorien: Die Ablationstheorie sieht den Diebstahl erst mit der Fortschaffung der Sache als vollendet an. Die Kontrektationstheorie nimmt Vollendung bereits mit dem diebischen Berühren der Sache an. — Gewahrsam ist die tatsächliche Gewalt, das Innehaben, gleichviel wie die zivilrechtlichen Besitzverhältnisse beschaffen sind, RG **30** 88, **34** 252.

Der einfache Diebstahl wird mit Gefängnis bestraft. Auch der Versuch ist strafbar, S 242, Abs. 2.

Schwerer D., strafbar mit Zuchthaus bis zu zehn Jahren wird verübt, wenn:

1. aus einem zum Gottesdienste bestimmten Gebäude Gegenstände gestohlen werden, welche dem Gottesdienste gewidmet sind;

2. aus einem Gebäude oder umschlossenen Raume mittelst Einbruchs, Einsteigens oder Erbrechens von Behältnissen gestohlen wird;

3. der Diebstahl dadurch bewirkt wird, dass zur Eröffnung eines Gebäudes oder der Zugänge eines umschlossenen Raumes oder zur Eröffnung der im Innern befindlichen Türen oder Behältnisse falsche Schlüssel oder andere zur ordnungsmässigen Eröffnung nicht bestimmte Werkzeuge angewendet werden;

4. auf einem öffentlichen Wege, einer Strasse, einem öffentlichen Platze, einer Wasserstrasse oder einer Eisenbahn, oder in einem Postgebäude oder dem dazugehörigen Hofraume, oder auf einem Eisenbahnhofe eine zum Reisegepäck oder zu anderen Gegenständen der Beförderung gehörende Sache mittelst Abschneidens oder Ablösens der Befestigungs- oder Verwahrungsmittel oder durch Anwendung falscher Schlüssel oder anderer zur ordnungsmässigen Eröffnung nicht bestimmter Werkzeuge gestohlen wird;

5. der Dieb oder einer der Teilnehmer am Diebstahle bei Begehung der Tat Waffen bei sich führt;

6. zu dem Diebstahle mehrere mitwirken, welche sich zur fortgesetzten Begehung von Raub oder Diebstahl verbunden haben (Bandendiebstahl), oder

7. der Diebstahl zur Nachtzeit in einem bewohnten Gebäude, in welches sich der Täter in diebischer Absicht eingeschlichen, oder in welchem er sich in gleicher Absicht verborgen hatte, begangen wird, auch wenn zur Zeit des Diebstahls Bewohner in dem Gebäude nicht anwesend sind. Einem bewohnten Gebäude werden der zu einem bewohnten Gebäude gehörige umschlossene Raum und die in einem solchen befindlichen Gebäude jeder Art sowie Schiffe, welche bewohnt werden, gleichgeachtet, S 243.

Rückfall, S 244: Wer im Inlande als Dieb, Räuber oder gleich einem Räuber oder als Hehler bestraft worden ist, darauf abermals eine dieser Handlungen begangen hat und wegen derselben bestraft worden ist, wird, wenn er einen einfachen Diebstahl begeht, mit Zuchthaus bis zu zehn Jahren, wenn er einen schweren Diebstahl begeht, mit Zuchthaus nicht unter zwei Jahren bestraft. Sind mildernde Umstände vorhanden, so tritt beim einfachen Diebstahl Gefängnisstrafe nicht unter drei Monaten, beim schweren Diebstahl Gefängnisstrafe nicht unter einem Jahre ein. — Die Normen über den Rückfall gelten auch dann, wenn die früheren Strafen nur teilweise verbüsst oder ganz oder teilweise erlassen sind, bleiben jedoch ausgeschlossen, wenn seit der Verbüssung oder dem Erlasse der letzten Strafe bis zur Begehung des neuen Diebstahles zehn Jahre verflossen sind, S 245.

Hausdiebstahl, S 247.

§ 52. **Unterschlagung** begeht, wer eine fremde bewegliche Sache, die er in Besitz oder Gewahrsam hat, sich rechtswidrig zueignet, S 246.

§ 53. **Raub.** Wer mit Gewalt gegen eine Person oder unter Anwendung von Drohungen mit gegenwärtiger Gefahr für Leib oder Leben eine fremde bewegliche Sache einem anderen in der Absicht wegnimmt, sich dieselbe rechtswidrig zuzueignen, wird wegen Raubes mit Zuchthaus bestraft, S 249.

Auf Zuchthaus nicht unter fünf Jahren ist zu erkennen, wenn

1. der Räuber oder einer der Teilnehmer am Raube bei Begehung der Tat Waffen bei sich führt;

2. zu dem Raube mehrere mitwirken, welche sich zur fortgesetzten Begehung von Raub oder Diebstahl verbunden haben;

3. der Raub auf einem öffentlichen Wege, einer Strasse, einer Eisenbahn, einem öffentlichen Platze, auf offener See oder einer Wasserstrasse begangen wird;

4. der Raub zur Nachtzeit in einem bewohnten Gebäude begangen wird, in welches sich der Täter zur Begehung eines Raubes oder Diebstahls eingeschlichen oder sich gewaltsam Eingang verschafft oder in welchem er sich in gleicher Absicht verborgen hatte, oder

5. der Räuber bereits einmal als Räuber oder gleich einem Räuber im Inlande bestraft worden ist.

Sind mildernde Umstände vorhanden, so tritt Gefängnisstrafe nicht unter einem Jahre ein.

Mit Zuchthaus nicht unter zehn Jahren oder mit lebenslänglichem Zuchthaus wird der Räuber bestraft, wenn bei dem Raube ein Mensch gemartert oder durch die gegen ihn verübte Gewalt eine schwere Körperverletzung oder der Tod desselben verursacht worden ist.

Wer, bei einem Diebstahle auf frischer Tat betroffen, gegen eine Person Gewalt verübt oder Drohungen mit gegenwärtiger Gefahr für Leib oder Leben anwendet, um sich im Besitze des gestohlenen Gutes zu erhalten, ist gleich einem Räuber zu bestrafen.

§ 54. **Erpressung.** Wer, um sich oder einem Dritten einen rechtswidrigen Vermögensvorteil zu verschaffen, einen anderen durch Gewalt oder Drohung zu einer Handlung, Duldung oder Unterlassung nötigt, ist wegen Erpressung mit Gefängnis nicht unter einem Monat zu bestrafen; der Versuch ist strafbar.

Wird die Erpressung durch Bedrohung mit Mord, mit Brandstiftung oder mit Verursachung einer Ueberschwemmung begangen, so ist auf Zuchthaus bis zu fünf Jahren zu erkennen.

Wird die Erpressung durch Gewalt gegen eine Person oder unter Anwendung von Drohungen mit gegenwärtiger Gefahr für Leib oder Leben begangen, so ist der Täter gleich einem Räuber zu bestrafen.

§ 55. **Die Begünstigung und Hehlerei.** — I. Begünstigung ist ein vom S als nicht akzessorisches Delikt behandeltes, mit der abgeschlossenen verbrecherischen Handlung eines anderen in Verbindung stehendes Vergehen. Selbstbegünstigung gibt es nicht. Eine Begünstigung verübt, wer nach Begehung eines Verbrechens oder Vergehens dem Täter oder Teilnehmer wissentlich Beistand leistet, um ihn der Bestrafung zu entziehen oder um ihm die Vorteile des Verbrechens oder Vergehens zu sichern, S 257, Abs. 1. Strafe: Geldstrafe bis zu sechshundert Mark oder Gefängnis bis zu einem Jahre.

1. Wer den Beistand seines Vorteiles wegen leistet, ist mit Gefängnis zu bestrafen. Die Strafe darf jedoch, der Art oder dem Masse nach, keine schwerere sein als die auf die Handlung selbst angedrohte, S 257, Abs. 1. — 2. Die B. ist straflos, wenn dieselbe dem Täter oder Teilnehmer von einem Angehörigen gewährt worden ist, um ihn der Bestrafung zu entziehen, S 257, Abs. 2. — 3. Die B. ist als Beihilfe zu bestrafen, wenn sie vor Begehung der Tat zugesagt worden ist. Diese Bestimmung findet auch auf Angehörige Anwendung, S 257, Abs. 3.

II. Hehlerei (Personenhehlerei) begeht, wer seines Vorteiles wegen sich einer B. schuldig macht, S 258.

Der Hehler wird bestraft, wenn der Begünstigte:

1. einen einfachen Diebstahl oder eine Unterschlagung begangen hat, mit Gefängnis; — 2. einen schweren Diebstahl, einen Raub oder ein dem Raube gleich zu bestrafendes Verbrechen begangen hat, mit Zuchthaus bis zu fünf Jahren. — Sind mildernde Umstände vorhanden, so tritt Gefängnisstrafe nicht unter drei Monaten ein. Diese Strafvorschriften finden auch dann Anwendung, wenn der Hehler ein Angehöriger ist.

III. Partiererei (Sachhehlerei) begeht, wer seines Vorteiles wegen Sachen, von denen er weiß oder den Umständen nach annehmen muß, daß sie mittelst einer strafbaren Handlung erlangt sind, verheimlicht, ankauft, zum Pfande nimmt oder sonst an sich bringt oder zu deren Absatze bei anderen mitwirkt, S 259.

Wer die Hehlerei gewerbs- oder gewohnheitsmässig betreibt, wird mit Zuchthaus bis zu zehn Jahren bestraft. — Rückfallshehlerei: Wer im Inlande wegen Hehlerei einmal und wegen darauf begangener Hehlerei zum zweiten Male bestraft worden ist, wird, wenn sich die abermals begangene Hehlerei auf einen schweren Diebstahl, einen Raub oder ein dem Raube gleich zu bestrafendes Verbrechen bezieht, mit Zuchthaus nicht unter zwei Jahren bestraft. Sind mildernde Umstände vorhanden, so tritt Gefängnisstrafe nicht unter einem Jahre ein.

§ 56. Der Betrug und die Untreue. I. Betrug ist ein gegen das Vermögen gerichtetes Delikt, S 263, und setzt nach der objektiven Seite voraus:

1. eine Täuschungshandlung;

a) Vorspiegelung falscher Tatsachen (z. B. der Kreditfähigkeit, der Zahlungsfähigkeit eines Gastes im Restaurant, sog. Zechprellerei); — oder: b) Entstellung wahrer Tatsachen (z. B. Bezeichnung einer Hypothek als Eigentümerhypothek); — oder: c) Unterdrückung wahrer Tatsachen, d. h. ein Tun oder ein Unterlassen, wodurch bewirkt wird, dass der andere die wahre Tatsache nicht kennen lernt.

2. Die Erregung oder Unterhaltung eines Irrtums.

Irrt der andere Teil ohne Beeinflussung durch die Täuschungshandlung des Täters, so liegt Ausnutzung, aber nicht Erregung (Unterhaltung) des Irrtums vor.

3. Eine durch Verfügung des Getäuschten hervorgerufene Beschädigung

des Vermögens eines anderen; dieser andere kann auch der Getäuschte sein. Vgl. RG 25 244.

4. Kausalzusammenhang zwischen 1, 2 und 3.

Eine Vermögensbeschädigung ist nur dann anzunehmen, wenn es seit Verwirklichung des gesetzlichen Tatbestandes einen Augenblick gegeben hat, in welchem das Vermögen des Geschädigten (als Ganzes betrachtet) geringer war als vor der Tat. Ähnlich die herrschende Lehre, vgl. RG **16** 1, **28** 310, **37** 356 (abweichend Binding). — Nach der herrschenden Meinung liegt Betrug nicht vor, wenn der Tatbestand des S 263 in bezug auf eine unsittliche Handlung (oder ein Delikt) verwirklicht wird.

Nach der subjektiven Seite ist Vorsatz erforderlich und außerdem die Absicht, sich oder einem Dritten einen rechtswidrigen Vermögensvorteil zu verschaffen. Ob dieser Vorteil verschafft wird, ist für die Vollendung des Betruges unerheblich.

Der Versuch ist strafbar. — Wird der Betrug gegen Angehörige, Vormünder, Erzieher verübt, so bedarf es eines (zurücknehmbaren) Antrages. — Rückfall: bei der dritten Tat, S 264.

Versicherungsbetrug im Falle der Feuer- oder Schiffstransport- (bzw. See-) Versicherung wird verübt: 1. durch Inbrandsetzen der versicherten Sache, — 2. durch Sinken- oder Strandenmachen des Schiffes. Die Tat muss in betrügerischer Absicht verübt sein.

II. Untreue: S 266.

§ 57. **Die Urkundenfälschung.** Wer in rechtswidriger Absicht eine inländische oder ausländische öffentliche Urkunde oder eine solche Privaturkunde, welche zum Beweise von Rechten oder Rechtsverhältnissen von Erheblichkeit ist, verfälscht oder fälschlich anfertigt und von derselben zum Zwecke einer Täuschung Gebrauch macht, wird wegen Urkundenfälschung mit Gefängnis bestraft, S 267.

Eine schwere Urkundenfälschung, d. h. eine solche, die in der Absicht begangen wird, sich oder einem anderen einen Vermögensvorteil zu verschaffen oder einem anderen Schaden zuzufügen, wird bestraft, wenn:

1. die Urkunde eine Privaturkunde ist, mit Zuchthaus bis zu 10 Jahren, neben welchem auf Geldstrafe bis zu 3000 Mark erkannt werden kann;
2. die Urkunde eine öffentliche ist, mit Zuchthaus bis zu 5 Jahren, neben welchem auf Geldstrafe von 150 bis zu 6000 Mark erkannt werden kann.

Blankettfälschung liegt vor, wenn jemand einem mit der Unterschrift eines anderen versehenen Papiere ohne dessen Willen oder dessen Anordnungen zuwider durch Ausfüllung einen urkundlichen Inhalt gibt.

Intellektuelle Urkundenfälschung begeht, wer vorsätzlich bewirkt, dass Erklärungen, Verhandlungen oder Tatsachen, welche für Rechte oder Rechtsverhältnisse von Erheblichkeit sind, in öffentlichen Urkunden, Büchern oder Registern als abgegeben oder geschehen beurkundet werden, während sie überhaupt nicht oder in anderer Weise oder von einer Person in einer ihr nicht zustehenden Eigenschaft oder von einer anderen Person abgegeben oder geschehen sind.

§ 58. **Strafbarer Eigennutz** ist ein Sammelbegriff, unter den das S die verschiedenartigsten Tatbestände stellt.

1. Gewerbsmässiges Glücksspiel.
2. Kaltes Abbrennen liegt vor, wenn jemand bei einer ihm drohenden Zwangsvollstreckung in der Absicht, die Befriedigung des Gläubigers zu

vereiteln, Bestandteile seines Vermögens veräussert oder beiseiteschafft, S 288.

3. Wegen furtum possessionis macht sich strafbar, wer seine eigene bewegliche Sache oder eine fremde bewegliche Sache zugunsten des Eigentümers derselben dem Nutzniesser, Pfandgläubiger oder demjenigen, welchem an der Sache ein Gebrauchs- oder Zurückbehaltungsrecht zusteht, in rechtswidriger Absicht wegnimmt, S 289.

4. Wegen furtum usus werden bestraft öffentliche Pfandleiher, welche die von ihnen in Pfand genommenen Gegenstände unbefugt in Gebrauch nehmen, S 290.

5. Die Jagddelikte; Wilddieberei.

6. Heuerbruch.

7. Wer einen verschlossenen Brief oder eine andere verschlossene Urkunde, die nicht zu seiner Kenntnisnahme bestimmt ist, vorsätzlich oder unbefugterweise eröffnet, wird mit Geldstrafe bis zu 300 Mark oder mit Gefängnis bis zu 3 Monaten bestraft (Antragsdelikt).

8. Rechtsanwälte, Advokaten, Notare, Verteidiger in Strafsachen, Ärzte, Wundärzte, Hebammen, Apotheker sowie die Gehilfen dieser Personen werden, wenn sie unbefugt Privatgeheimnisse offenbaren, die ihnen kraft ihres Amtes, Standes oder Gewerbes anvertraut sind, mit Geldstrafe bis zu 1500 Mark oder mit Gefängnis bis zu 3 Monaten bestraft (Antragsdelikt).

§ 59. **Wucher** begeht, wer unter Ausbeutung der Notlage, des Leichtsinnes oder der Unerfahrenheit eines anderen mit Bezug auf ein Darlehn oder auf die Stundung einer Geldforderung oder auf ein anderes zweiseitiges Rechtsgeschäft, welches denselben wirtschaftlichen Zwecken dienen soll, sich oder einem Dritten Vermögensvorteile versprechen oder gewähren läßt, welche den üblichen Zinsfuß dergestalt überschreiten, daß nach den Umständen des Falles die Vermögensvorteile in auffälligem Mißverhältnis zu der Leistung stehen (Geldwucher).

Wegen Sachwuchers wird bestraft, wer mit Bezug auf ein Rechtsgeschäft anderer als der bezeichneten Art gewerbs- oder gewohnheitsmäßig unter Ausbeutung der Notlage, des Leichtsinnes oder der Unerfahrenheit eines anderen sich oder einem Dritten Vermögensvorteile versprechen oder gewähren läßt, welche den Wert der Leistung dergestalt überschreiten, daß nach den Umständen des Falles die Vermögensvorteile in auffälligem Mißverhältnis zu der Leistung stehen.

§ 60. **Sachbeschädigung** verübt, wer vorsätzlich und rechtswidrig eine fremde Sache beschädigt oder zerstört, S 303.

Der Versuch ist strafbar. — Die Verfolgung tritt nur auf Antrag ein. — Ist das Vergehen gegen einen Angehörigen verübt, so ist die Zurücknahme des Antrags zulässig:

§ 61. **Brandstiftung** ist ein gemeingefährliches Delikt, welches durch die mittels Feuer bewirkte Beschädigung oder Zerstörung gewisser Gegenstände verübt wird. (Gegensatz: Sachbeschädigung.)

I. Wegen schwerer Brandstiftung wird mit Zuchthaus bestraft, wer vorsätzlich in Brand setzt: 1. ein zu gottesdienstlichen Versammlungen bestimmtes Gebäude, — 2. ein Gebäude, ein Schiff oder eine Hütte, welche zur Wohnung von Menschen dienen, — 3. eine Räumlichkeit, welche zeitweise zum Aufenthalte von Menschen dient, und zwar zu einer Zeit, während welcher Menschen in derselben sich aufzuhalten pflegen, S 306.

II Die qualifizierte schwere Brandstiftung wird mit Zuchthaus nicht unter 10 Jahren oder mit lebenslänglichem Zuchthaus bestraft, wenn: 1. der Brand den Tod eines Menschen dadurch verursacht hat, dass dieser zur Zeit der Tat in einer der in Brand gesetzten Räumlichkeiten sich befand, — 2. die Brandstiftung in der Absicht begangen worden ist, um unter Begünstigung derselben Mord oder Raub zu begehen oder einen Aufruhr zu erregen, — 3. der Brandstifter, um das Löschen des Feuers zu verhindern oder zu erschweren, Löschgerätschaften entfernt oder unbrauchbar gemacht hat, S 307.

III. Wegen einfacher Brandstiftung wird mit Zuchthaus bis zu 10 Jahren bestraft, wer vorsätzlich Gebäude, Schiffe, Hütten, Bergwerke, Magazine, Warenvorräte, welche auf dazu bestimmten öffentlichen Plätzen lagern, Vorräte von landwirtschaftlichen Erzeugnissen oder von Bau- oder Brennmaterialien, Früchte auf dem Felde, Waldungen oder Torfmoore in Brand setzt, S 308; und zwar ist diese einfache Brandstiftung:

1. eine unmittelbare, wenn diese Gegenstände fremdes Eigentum sind;

2. eine mittelbare, wenn diese Gegenstände zwar dem Brandstifter eigentümlich gehören, jedoch ihrer Beschaffenheit und Lage nach geeignet sind, das Feuer den als Objekt der schweren Brandstiftung in S 306 genannten Räumlichkeiten oder einem der vorstehend bezeichneten fremden Gegenstände mitzuteilen. — Sind mildernde Umstände vorhanden, so tritt Gefängnisstrafe nicht unter 6 Monaten ein.

IV. Fahrlässige Brandstiftung begeht, wer durch Fahrlässigkeit einen Brand herbeiführt, S 309; Strafe: Gefängnis bis zu 1 Jahr oder Geldstrafe bis zu 900 Mark; wenn durch den Brand der Tod eines Menschen verursacht worden ist: Gefängnis von 1 Monat bis zu 3 Jahren.

V. Tätige Reue. Hat der Täter den Brand, bevor derselbe entdeckt und ein weiterer als der durch die blosse Inbrandsetzung bewirkte Schade entstanden war, wieder gelöscht, so tritt Straflosigkeit ein, S 310.

VI. Die gänzliche oder teilweise Zerstörung einer Sache durch Gebrauch von Pulver oder anderen explodierenden Stoffen ist der Inbrandsetzung der Sache gleichzuachten, S 311.

§ 62. **Amtsdelikte** sind diejenigen Verbrechen und Vergehen, welche von Beamten als solchen begangen werden; eine Begrenzung auf die Fälle, in denen das Interesse eines Dritten durch den Beamten in amtlicher Eigenschaft verletzt wird (Binding), ist im S 331—359 nicht erfolgt.

I. Eigentliche Amtsdelikte, d. h. Delikte, welche nur ein Beamter verüben kann:

1. Ein Beamter, welcher für eine in sein Amt einschlagende, an sich nicht pflichtwidrige Handlung Geschenke oder andere Vorteile annimmt, fordert oder sich versprechen lässt, wird mit Geldstrafe bis zu 300 Mark oder mit Gefängnis bis zu 6 Monaten bestraft, S 331. — Der Schenker wird nicht bestraft.

2. Ein Beamter, welcher für eine Handlung, die eine Verletzung einer Amts- oder Dienstpflicht enthält, Geschenke oder andere Vorteile annimmt, fordert oder sich versprechen lässt, wird wegen Bestechung mit Zuchthaus bis zu 5 Jahren bestraft, S 332, Abs. 1. — Sind mildernde Umstände vorhanden, so tritt Gefängnisstrafe ein.

3. Wer einem Beamten oder einem Mitgliede der bewaffneten Macht Geschenke oder andere Vorteile anbietet, verspricht oder gewährt, um ihn zu einer Handlung, die eine Verletzung einer Amts- oder Dienstpflicht

enthält, zu bestimmen, wird wegen Bestechung mit Gefängnis bestraft; auch kann auf Verlust der bürgerlichen Ehrenrechte erkannt werden, S 333, Abs. 1. — Sind mildernde Umstände vorhanden, so kann auf Geldstrafe bis zu 1500 Mark erkannt werden.

4. Ein Richter, Schiedsrichter, Geschworener oder Schöffe, welcher Geschenke oder andere Vorteile fordert, annimmt oder sich versprechen lässt, um eine Rechtssache, deren Leitung oder Entscheidung ihm obliegt, zugunsten oder zum Nachteile eines Beteiligten zu leiten oder zu entscheiden, wird mit Zuchthaus bestraft, S 334, Abs. 1.

Derjenige, welcher einem Richter, Schiedsrichter, Geschworenen oder Schöffen zu dem vorbezeichneten Zwecke Geschenke oder andere Vorteile anbietet, verspricht oder gewährt. wird mit Zuchthaus bestraft. Sind mildernde Umstände vorhanden, so tritt Gefängnisstrafe ein, S 334, Abs. 2.

In den unter 1—4 bezeichneten Fällen ist im Urteile das Empfangene oder der Wert desselben für dem Staat verfallen zu erklären.

5. Ein Beamter oder Schiedsrichter, welcher sich bei der Leitung oder Entscheidung einer Rechtssache vorsätzlich oder zugunsten oder zum Nachteile einer Partei einer Beugung des Rechtes schuldig macht, wird mit Zuchthaus bis zu 5 Jahren bestraft, S 336.

II. Uneigentliche Amtsdelikte, d. h. gemeine Delikte, wenn sie von einem Beamten im Amte verübt werden: die Nötigung, Körperverletzung, Freiheitsberaubung, der Hausfriedensbruch im Amte, S 339—342.

III. Indiskretionen eines Beamten im Dienste des Auswärtigen Amtes des Deutschen Reiches werden auf Grund von S 353a (Arnimparagraph) bestraft.

§ 63. **Die Übertretungen** sind im S nicht vollständig geordnet; es gilt für sie nicht das Kodifikationsprinzip; vielmehr bestehen landesrechtlich Polizeiverordnungen usw. — einzelne Fälle:

1. wer unbefugt eine Uniform, eine Amtskleidung, ein Amtszeichen, einen Orden oder ein Ehrenzeichen trägt oder Titel, Würden oder Adelsprädikate annimmt, ingleichen, wer sich eines ihm nicht zukommenden Namens einem zuständigen Beamten gegenüber bedient;

2. wer, bei Unglücksfällen oder gemeiner Gefahr oder Not von der Polizeibehörde oder deren Stellvertreter zur Hilfe aufgefordert, keine Folge leistet, obgleich er der Aufforderung ohne erhebliche eigene Gefahr genügen konnte (Liebesparagraph);

3. wer ungebührlicherweise ruhestörenden Lärm erregt, oder wer groben Unfug verübt;

4. wer öffentlich oder in Ärgernis erregender Weise Tiere boshaft quält oder roh misshandelt;

5. wer als Landstreicher umherzieht:

6. wer bettelt oder Kinder zum Betteln anleitet oder ausschickt oder Personen, welche seiner Gewalt oder Aufsicht untergeben sind und zu seiner Hausgenossenschaft gehören, vom Betteln abzuhalten unterlässt;

7. Handwerksburschenparagraph: wer, um Behörden oder Privatpersonen zum Zwecke seines besseren Fortkommens oder des besseren Fortkommens eines anderen zu täuschen, Pässe, Militärabschiede, Wanderbücher oder sonstige Legitimationspapiere, Dienst- oder Arbeitsbücher oder sonstige auf Grund besonderer Vorschriften auszustellende Zeugnisse sowie Führungs- oder Fähigkeitszeugnisse falsch anfertigt oder verfälscht oder wissentlich von einer solchen falschen oder gefälschten Urkunde Gebrauch macht, S 363;

8. Mundraub: wer Nahrungs- oder Genussmittel von unbedeutendem Werte oder in geringer Menge zum alsbaldigen Verbrauche entwendet; eine Entwendung, welche von Verwandten aufsteigender Linie gegen Verwandte absteigender Linie oder von einem Ehegatten gegen den anderen begangen worden ist, bleibt straflos.

9. Futterdiebstahl: wer Getreide oder andere zur Fütterung des Viehes bestimmte oder geeignete Gegenstände wider Willen des Eigentümers wegnimmt, um dessen Vieh damit zu füttern.

In den Fällen der Nr. 8 und 9 tritt die Verfolgung nur auf Antrag ein. Die Zurücknahme des Antrages ist zulässig.

MIX
Papier | Fördert
gute Waldnutzung
FSC® C083411

Kolibri 360 GmbH
Ferdinand-Jühlke-Straße 7
99095 Erfurt, Deutschland
produktsicherheit@kolibri360.de